Record of Japanese Erotic Customs

日本「風情」誌

【插圖本】

馮瑋/著

責任編輯　　龍　田

書籍設計　　道　轍

書　　名　　日本「風情」誌

著　　者　　馮　瑋

出　　版　　三聯書店（香港）有限公司
　　　　　　香港北角英皇道 499 號北角工業大廈 20 樓
　　　　　　Joint Publishing (H.K.) Co., Ltd.
　　　　　　20/F., North Point Industrial Building,
　　　　　　499 King's Road, North Point, Hong Kong

香港發行　　香港聯合書刊物流有限公司
　　　　　　香港新界荃灣德士古道 220-248 號 16 樓

印　　刷　　美雅印刷製本有限公司
　　　　　　香港九龍觀塘榮業街 6 號 4 樓 A 室

版　　次　　2020 年 12 月香港第一版第一次印刷

規　　格　　特 16 開（150 mm × 210 mm）304 面

國際書號　　ISBN 978-962-04-4605-4

目錄

序言

　　這是一本什麼樣的書？為什麼叫《日本「風情」誌》？我想，這是讀者首先關心的問題。因為我是本書的作者，同時也是其他書的讀者，我瞭解讀者心理。

　　作為一名研究日本 30 年的專業人員，我在 2004 年就產生了寫一本有關日本「風情」的書，並著手搜集資料。從日本東京神保町書店街到國會圖書館，只要被我發現的相關資料，我都收入囊中，儘管不時有猶豫，有咬牙。因為，諸如《近世近代 150 年性風俗圖史》上下冊之類有大量插圖的書，價格著實不菲。我經常為買一本書而「縮食」——少吃一頓飯。但是，我也是有「阿 Q 精神」的，畢竟，我獲得了大批精神食糧。正是這些「精神食糧」，使我能夠去蕪存菁、爬梳整理進行「薈萃」，形成這本雖然篇幅很小，但涉及領域相當寬泛的拙作。讀者從目錄中即可以發現，語言文字、文學藝術、民俗禮儀、花街柳巷、殉情不倫、基友同志、大奧閨房、混浴雜寢、武士的「綠帽」、女人的出軌、AV 女優、公關「牛郎」……林林總總。因為，我試圖將本書寫成一本窺視日本風情的「萬花筒」，使讀者通過拙作，將日本風情一覽無餘。本

書的另一個特點是甚少議論。因為我相信，讀者可以從那些「故事」和「案例」，自行產生「原來是這樣」的感悟，不需要我狗尾續貂甚至畫蛇添足地進行說明。「一千個讀者就有一千個哈姆雷特」，誠哉斯言。

我所以想寫這本書，主要因為日本雖然也屬於由中國領銜的東亞文化圈，而且日本文化的主要核心元素也包括「東亞文化圈」四大要素 —— 漢字、儒教、佛教、律令制，但是基於日本自身歷史的「風情」，卻和中國南轅北轍。瞭解這方面的差異，有助於進一步瞭解日本人行為處世的觀念。經常有人問我：日本人為什麼那麼「好色」？那麼「變態」？我的回答是：這些主要是由日本「風情」決定的。讀完本書，我相信你會同意我的這一回答。

何謂「風情」？按照辭典的定義，「風情」既可以指「男女相愛之情」，也可以指「風土人情」，而日本的「風土人情」充滿「男女相愛之情」，幾乎合二為一。因此，本書所謂的「風情」，也可以理解為「風俗」和「情色」的縮略。二者在日本同樣高度融合。司馬遷在《史記》中寫道：「百里不同風，千里不同俗」。風俗原是指各地長期相沿積久而形成的風尚、習俗，但日本的風俗就是「情色」。日本所謂的「風俗店」就是「情色場所」。不過，我必須說明的是，漢字的語序非常重要，如「我愛她」和「她愛我」，同樣三個字，排序不同，含義迥異。「色情」和「情色」也一樣。「情色」通常以性表達哲學、藝術概念，或通過與性相關的內容反映社會，不以引發感官刺

激為目的，反之則是「色情」。這是我將本書定名為「日本『風情』志」的又一個原因。如果懷著觀賞「島國動作片」的目的閱讀本書，將會感到失望。套用網友的話說：「別怪我沒事先告訴你」。

正如日本著名文化人類學家祖父江孝男在《性》一書中所指出的，「在日本人的性意識中，既有謳歌性的自然主義享樂的基礎，也有覆蓋在這種基礎上的儒教嚴格主義。也就是說，具有兩者共存的二元性特徵」。文化的核心是宗教，而日本的這一文化核心，幾乎從來沒有真正和性作對。儒教傳到日本，特別在江戶幕府奉「朱子學」為官學後，中國明朝問世的《增廣賢文》中「萬惡淫為首」的觀念，也影響了日本。但是，這種觀念充其量只是覆蓋在「性的自然主義享樂」上的塗層，從來沒有取代和影響「基礎」。在「五戒」中有「不淫欲」戒條的佛教傳到日本，也未能取代「謳歌性的自然主義享樂」成為日本性觀念的基礎。雖然一部日本佛教史，幾乎等於「中國佛教在日傳播史」，日本佛教 13 宗 56 派，包括對日本影響至深的禪宗，源頭都在中國。但是，日本有很多和尚是「肉食帶妻」的，即白天大魚大肉，晚上與妻共眠。為什麼？因為日本的價值觀和審美觀，都強調「尊重自然」。「自然」的本義就是未經修飾雕琢的「本性」。日本流傳著一則關於「茶聖」千利休的軼事：一天，千利休走進庭院，看到整個庭院打掃得相當乾淨。於是，他故意搖下了幾片樹葉。樹葉雖小，但卻使整個庭院回歸未經人為修飾的「自然」。那麼，人性的「自然」

是什麼?《孟子·告子上》早就對此作了簡明扼要的回答:「食色,性也」。「飲食男女,人之大欲存焉」。至於日本土著宗教神道,更是本身就對「性」縱情謳歌。日本神道「經典中的經典」《古事記》,有 35 處直接提到「性」。日本主要國土,就是由伊奘納岐命和伊奘納美命二神交媾後產生的。日本人對神道禮儀 —— 祭的參與熱情,充分顯示出日本人是「性情中人」。按著名作家三島由紀夫的說法,「祭是一種人類與永恆世界的庸俗的交配。這種交配,只有通過『祭』這種以敬神為名的淫蕩活動才能舉行。」

最後想說的是,或因為日本學者強於「微觀」而弱於「宏觀」。據我管見,即便在日本,也沒有一本與拙著類似的「風情」志,遑論在中國。因此,作為一種嘗試,我確實面臨不少困難。但不懼困難,或許是我與生俱來的一種性格。我讀中學的時候,語文課本中魯迅的短篇小說《故鄉》的最後一句話始終沒有忘記:「希望是本無所謂有,無所謂無的。這正如地上的路;其實地上本沒有路,走的人多了,也便成了路。」路是人走出來的,希望也是。始終懷著希望,已經和仍將是我的學術人生。

第一章

文化的「風情」

語言中的「風情」

德國哲學家和語言學家威廉·馮·洪堡（Wilhelm von Humboldt）提出了一個相當著名的理論，叫「語言世界觀」（Language Weltanschauung）理論。按照他的理論，人類對世界的認識和思維方式是由語言結構決定的。之後，美國語言學家愛德華·薩丕爾（Edward Sapir）和他的學生沃爾夫（Benjamin Lee Whorf）又提出了「語言相對論」（linguistic relativity）。按照這一理論，語言結構決定某個文化群體成員的行為和思維習慣。這三位學者的理論對分析日本人對事物的認識和思維習慣，以及日本文化特徵，頗有啟發意義。日語幾乎沒有淫穢的髒話，似乎比較「乾淨」。但事實上日語有「曖昧」的特點，很多淫穢的詞語，都以婉轉的方式顯示。

台灣有個曾風靡華語世界的演唱組合叫 S.H.E。所以取這麼個名字，是因為該組合的三位成員任家萱、田馥甄、陳嘉樺的英文名字 Selina、Hebe、Ella 的首字母，是 S、H、E。在習用中文的當代讀者看來，這類縮寫指向英文名字的首字母是自然而然的事情。

而這三個字母在日本則有著極為曖昧的指向。用首字母指

代某個名詞或某種行為，不僅是日本人的一種「風俗」習慣，而且是日本文化的一個特徵：擅長吸收東西方文化。但無論中國文化還是西方文化，一進入日本就會異化。S、H、E 這三個字母在日本的變異，頗有代表性。

首先說一下"S"。早在明治時代的日本，賦予西洋文字的首字母以「性」的含義就相當流行，也顯示出日本人的獨創性。例如，女同性戀的英文名詞是 Lesbian，用首字母表示應該是 L，但日本卻曾經用"S"表示。因為，S 是 Sister 的首字母。同樣，男同性戀英語是 Gay，但戰前日本人卻用 M 表示。M 是陰莖的英語 Membrum 的首字母，為什麼用 M 指代「男同志」？因為，1940 年日本《國民體力法》施行後，17 歲以上（翌年改為 15 歲以上）的男子，全部都要接受「M 檢」即性病檢查。日軍兵役分為現役、預備役、後備役、補充役、國民兵役五種。徵兵體檢也分為五個等級，甲級是身高 150 厘米以上，身體素質良好，可以服現役、預備役、後備役；乙級是身體素質一般，可以服補充役；丙級是身體素質較差，但可以服國民兵役；丁級和戊級均不能服兵役。當時，性病在日本被稱為「亡國病」，有性病的人是絕對不能服兵役的。戰後，M 檢依然存在。《病歷卡通信》2002 年 6 月號，曾刊載一篇題為《大學入學考試和 M 檢》的文章。當警察及加入自衛隊，也要進行 M 檢。不過隨著人權意識的擴大，M 檢趨於弱化。M 成為「男同志」的縮寫，就是「M 檢」的引申義。

其次說一下"H"。這個字母有啥含義？1952 年 4 月 13

日《週刊朝日》有這麼一則報道:「東京新宿某個電影院。因為是星期六下午,人非常多,不僅座無虛席,而且很多買了站票。在站著觀看影片的觀眾中,突然有個女孩尖聲呼叫:『啊!エッチ(H 的日語發音)!』『在哪裏?在哪裏?』『就在我旁邊!』這時,只見三四個女學生旁邊,一個中年男子擠開人群迅速溜走。原來,這個男的趁著影院漆黑一團,對女學生伸出了『鹹豬手』。」"H" 是日語「変態」(音 Hentai)的首字母,是指令人討厭的男人做的令人討厭的事。在擠滿人的電車、電影院,時常有被這種男人的「鹹豬手」摸到的女性尖聲呼叫 "H",尋求同伴幫助。

也就是說,"H" 是指性方面的下流行為,或有這種下流行為的人。在日語中,有一個名詞專指這種人,叫「癡漢」。「癡漢」,谷歌譯為「性騷擾」,百度譯為「流氓」,有道譯為「色狼」,但顯然都不太確切。日本人所以稱這種事和這種人為 "H",就是因為有這種「性嗜好」的人,實屬變態。

"H" 作為「好色」的代名詞,在 1920 年代已經登上歷史舞台。由於英語「丈夫」(Husband)和「他」(He)這兩個名詞的首字母都是 H,於是 H 就成了女高中生稱呼「男人」的縮略語,並且和「性」有關。

到了 1940 年代,"H" 成了貶義詞。1971 年田中小實昌發表的小說《香具師之旅》,在描述 1940 年代末的日本社會時寫道:「即便在那時候,也已經存在 'H' 這一說法。那是女性創造的。H 是 He 的首字母,表示令人討厭。」但通常認

為，舟橋聖一1955年開始在《朝日新聞》上連載的小說《白色魔魚》，是"H"這種說法流行的濫觴。小說中，女企業家紫乃在評價某男的時候說：「那傢夥不會是個H貨吧？」「H貨」就是在性方面有著令人討厭的「嗜好」的人。

雖然具有特定含義的"H"這個詞很早就已出現，但真正廣為人知，則是在1980年代末以後。當時，著名主持人和藝人明石家秋刀魚和島田紳助在綜藝節目上的使用，使"H"這個詞迅速躥紅。所以如此，一個非常重要的原因是，日本泡沫經濟迅速膨脹後，社會節奏進一步加快，人們的工作面臨很大壓力乃至出現「過勞死」，有些人需要以變態的方式發洩心中的抑鬱。一個名詞取得「市民權」和「居住證」，在社會上迅速普及，是時代變化不可忽略的反映。"H"引起廣泛關注，並不例外。

最後說一下"E"。日本人經常使用的與性有關的E，原本是Eros（希臘愛神愛洛斯）名字的首字母。但愛神到了日本以後，大約在明治末年即19世紀末、20世紀初，開始變成「色情狂」的代名詞。森田草坪1909年發表的小說《煤煙》，就有相關的用例。1970年代後，エロ（Eros）成了日常用語。例如，「非常便宜」，日文稱「激安」；非常辣，日文稱「激辛」；而非常淫穢，日文稱「激エロ」。因此，「エロ人」也就是「色狼」。近年，不掩飾自己有強烈性欲的人，被稱為「エロ奴」。

今天，日本的Eros（愛洛斯）更是不關心愛情，只關心

色情，如エロ寫真、エロ本、エロ雜誌，等等。壹岐晴子在《Eros・Eros 女孩百景》序言中寫道：「現在的女孩很勇敢，在 Eros 方面很早熟……。」而後，她描述了女性「風俗」的情況：不僅咖啡館服務員、舞場伴舞女，連公司女職員也在「風俗」最前沿「衝鋒陷陣」。她感慨地寫道：「在貞操解放的前沿，充溢著 Eros 的氣氛。」

　　漢字在「日本化的愛神」愛洛斯的「勾引」下，同樣失魂落魄，面目全非。例如「社交」這個詞，原本是「社會性交往」的縮略語。據學者考證，明治維新時期的啟蒙刊物《明六雜誌》刊載的《人生三寶說》，是「社交」的首次亮相。《人生三寶說》的作者是曾留學荷蘭萊頓大學、為現代學科特別是法學和經濟學類學科「東漸」做出劃時代貢獻的西周。西周所謂的「社交」，完全是指上流社會人士之間的交往。明治中期以後，「社交俱樂部」更是成為上流社會的聚集地，那些「上等人」樂意在「社交俱樂部」享受西洋式生活。那時，各種舞廳拔地而起，中國人稱為「交誼舞」的「社交舞」（社交ダンス），成為 「社交」的重要手段。1930 年代，日本各「社交舞廳」的生意異常紅火。在作為時代寵兒的著名作家谷崎潤一郎、村松梢風、國枝史郎、德田秋聲、橫光利一的筆下，社交舞廳的景觀和社交舞女的生活狀態，被描摹得五光十色，流金溢彩。「社交」一詞成了都市、摩登、文明的代名詞。「社交」二字在各種新聞報道乃至廣告中頻頻亮相。

　　二戰後，經過戰時的沉寂，社交 ——「社會性交往」，卻

可以省略掉「社會」二字，直接寫成「性交往」。為什麼？因為駐日盟軍總司令部（GHQ）下令廢除了公娼制，於是大量相關店舖改頭換面成了「特殊飲食店」或西洋式「茶館」（吃茶店），並且有個頗為高雅的名字——「社交喝茶」（社交吃茶）。不管是「特殊飲食店」還是「社交喝茶」店，女服務員都統稱「社交系」。當地的同業協會也自稱「社交飲食協會」（社交料飲組合），並且發行了《社交時報》、《社交專科》等行業雜誌，以至於一提到「社交」，就會聯想到「水商売」（色情業）。霓虹燈閃爍的大街，被稱為「社交街」。害得名副其實做正經生意的吃茶店，不得不特別標明「純喝茶」，以示區別。

　　和「社交」意思頗為接近的「援助交際」，也經歷了一番嬗變，儘管不能說是質變。「援助交際」在 1990 年代開始成為流行語。根據作家圓田浩二 2001 年出版的《誰向誰賣什麼——援助交際中看到的性・愛・交流》一書中的記述，1994 年 9 月 20 日《朝日新聞》是最先刊登「援助交際」一詞的全國性報紙。1996 年 10 月《朝日新聞》進行了以東京都初中和高中女生為對象的問卷調查，並在當月 12 日公佈了結果。結果顯示，有過「援助交際」的高中女生佔接受調查者的3%。同年，「援助交際」在新流行語評選中進入了前十位。

　　但是，「援助交際」在 1990 年代的日本原稱不上是「新生事物」，這個詞在 1950 年代就已經出現。向井啟雄在 1955 年出版的《特殊女性》一書中指出，戰後由於男少女多和生活艱

難，帶著孩子，生活窮困的戰歿者遺孀很難再嫁。於是，為她們提供服務的「婚姻介紹所」、「援助交際」斡旋機構，呈雨後春筍之勢。各種小報的廣告欄，充斥著為「援助交際」進行斡旋的廣告，而所謂的「援助交際」，實際上就是讓她們為某些男人當「打工的小妾」和「按月結算的情人」。那些遺孀利用孩子上學時間，為每月 3000 日元左右的收入，和男人們進行「援助交際」。根據宮台真司的研究，買賣雙方進行「援助交際」，很多都簽有「情人交換誌」、「夫妻交換誌」等長期性交易契約。一些精明的生意人，則建立「情人銀行」，讓年輕的戰歿者遺孀充當「應召女郎」。1990 年代作為風俗產業「新品種」的「援助交際俱樂部」，實際上就是「情人銀行」的翻版，儘管年輕遺孀迫於生計和青年學生貪慕虛榮的賣淫，存在毋庸置疑的差別。

「招財貓」這個詞，人們大都不陌生。看到這個詞，人們會聯想到一個憨態可掬、不停招手的貓。「招財貓」日語寫作「招き貓」，按字面理解是「招徠貓」。今天，無論日本還是中國，很多商家的進門處都放置著這種擺設。但是，如果這些店家瞭解了這隻貓的身世，沒準會趕緊將它撤掉。因為，那是以前娼館的標識。在過去，娼館妓院的玄關旁邊都設有類似於神龕佛壇的架子，「招徠貓」就是放置在那裏的。貓何以頻頻招手，不言而喻。也只有娼館門口才有「招徠貓」，其他商家的進門處是絕不會放這麼個「吉祥物」的。

其實，在日本江戶時代，娼館門口最初放的不是「招徠

招財貓

貓」，而是「男根」。「性工作者」每天「出工」時，都要先
對「男根」雙手合十頂禮膜拜，祈禱賓客盈門，更期待貴客光
顧。1854 年開國以後，日本這種「奇異的風俗」令西方人頗
感驚訝，認為有傷風化。幕府為了追求「文明」，下令取締。
於是，「男根」被「男人」取代。沒錯，在「貓」上崗之前，
男人人偶曾經當過「臨時工」。1907 年岡鬼太郎出版的《花
柳風俗三筋之綾》，就有關於娼館門口放置「造福人偶」的描
述：「那個人偶端坐在墊子上，穿著褲子，褲腰帶也緊勒著。
他左手放在膝蓋上，右手抬起不斷揮動，其形狀顯然是在招徠
客人。」

　　那麼，後來為什麼「招財貓」這個「鳩」佔了「人偶」的
「巢」呢？日本有種說法，叫「貓をかぶる」，《日漢辭典》譯
為「假裝不知道」，也就是「裝傻充愣」。但這麼翻譯沒有傳
遞出本義。這句話確切的意思是「以偽裝掩蓋本性」。這就是
為什麼以招手的「貓」取代招手的「人」的原因 —— 曖昧是
日本文化的特徵。

文學中的「風情」

　　戰爭、愛情、死亡，是文學三大主題。表現愛情並不等於表現情色，但就日本文學而言，對性的出色描述，是文學造詣的顯示。日本有兩位諾貝爾文學獎獲得者，一位是川端康成，另一位是大江健三郎。他們的作品都有通性，揭示和昇華作品主題的出色描述。下面，我就各舉一個例子：

　　川端康成的小說《沉睡的美人》，講述了一家收費昂貴的妓院。但與其他妓院不同的是，這家妓院提供的美女都是服了安眠藥沉睡後，送去給錢包很鼓、年歲很大的老傢夥享受的。在這種年輕美女的身邊，老傢夥不必為自己「心有餘而力不足」擔心。小說中，作者還多次將年輕美女比作心慈面善的觀音菩薩，而在日本確實有觀音菩薩曾幻化為妓女的傳說。這篇小說以描述性的方式，揭示了日本人的傳統觀念：女人就是男人玩偶。同時也解釋了克服「名譽」和「情欲」兩難的途徑，而這恰是日本文化的重要特徵。

　　大江健三郎的《我們的時代》，通過一邊大汗淋漓地做愛，一邊進行形而上學思考的主人公靖男的口說道：「和平的時代是猜忌和欺騙的時代，是孤獨的人相互輕蔑的時代。」「這

也是和平時代的毒害。生在這可惡時代的年輕人，長期揉搓充血的橡皮般的東西，累的精疲力竭，氣喘吁吁，可還是得不到一點快樂。」有些文學批評家認為，大江健三郎的作品「放蕩」、「荒誕」、「赤裸裸」。然而，大江健三郎的「性描寫」實際上是一種隱喻。他是在暗示，和平年代，人們在感官上尋歡作樂，但並不能真正得到快樂。

兩位大文豪獲得諾貝爾文學獎，或許同他們生長於日本，長期浸染日本文化中的「風俗」與「情色」不無關係。

在奈良時代（710—794 年），受中國詩文影響，和歌創作日趨興旺，抒發私人戀情的和歌不斷問世，如《萬葉集》第913 首「黎明霧起，夕暮蛙喧，衣紐未解，獨宿孤單」；第 915首「千鳥鳴，吉野河水聲；我思君，無時或停」，均反映了「萬葉時代」的人們的自由和浪漫。

平安時代（794—1192 年），和歌作為表現思想的載體，逐漸讓位於不斷崛起的日記、隨筆和物語。10 世紀 70 年代問世的《蜻蛉日記》，是以愛情為主題的「日記文學」的先驅，作者是當時最有權勢的藤原家族的成員，以「藤原道綱的母親」為名發表。「蜻蛉」意為「浮生」，亦可理解為「人生」。《蜻蛉日記》描述了作者與藤原兼家結婚 20 年的生活，傾訴了作為一名貴族婦女在一夫多妻制下所承受的精神痛苦，文筆細膩，情感動人。11 世紀初登上「日記」文學舞台的《和泉式部日記》，則是一部用第三人稱撰寫的「日記」，敘述了作者與一條天皇的皇子敦道親王的愛情生活。在這部「日記」中，

作者以 110 首愛情贈答歌為中心,淋漓盡致地展示了奔放的情感和無所顧忌的戀愛心理,成為平安貴族婦女的精神側影。

物語文學的形成也受中國六朝和隋唐傳奇文學的影響,在產生之初就分為兩大類。一類為虛構物語,將民間流傳的故事,經過虛構和潤色形成完整的故事,具有傳奇色彩。《竹取物語》是這類物語的代表。另一類是將和歌與散文融為一體,《伊勢物語》是這一類型的代表。《伊勢物語》由 125 個短篇彙集而成,每篇構成獨立完整的故事,但主人公原業平在宮廷內外的戀愛經歷貫穿始終。

物語文學的巔峰之作,是約在 11 世紀初問世的《源氏物語》。日本著名作家川端康成在獲得諾貝爾文學獎發表獲獎感言時表示,《源氏物語》是日本小說創作的巔峰之作,他本人的作品無法與之媲美。雖然此話是一種謙虛,但《源氏物語》在日本文學史上享有崇高地位,卻是不爭的事實。《源氏物語》共 54 回,歷時 70 餘年,所涉人物 400 多位。全書以源氏家族為中心,上半部寫了源氏公子與眾妃、侍女的大量風流韻事,後半部則以源氏公子之子薰君為主人公,鋪陳了複雜紛繁、纏綿悱惻的男女愛情故事。作者紫式部將「男女相悅之事」描述為人間至極快樂,又以淒然破滅收束,表達出一種繁華之後無盡的悲哀,將日本文化的「物哀」特徵演繹得淋漓盡致。作品的結局相當感人:薰君愛上了八親王的大女兒公子,不料遭到拒絕。公子病逝後,他尋回外貌酷肖公子的八親王的私生女浮舟,以慰藉對公子的思戀,彌補心靈的孤寂。可是,

一天深夜，匂皇子潛入浮舟臥房，假冒薰君的聲音佔有了浮舟。儘管薰君仍對她一往情深，多次捎信以求一見，但均遭拒絕，終未如願。浮舟處在薰君精神的、靜謐的愛情和匂皇子感官性的、激越的愛情之間進退兩難，最後毅然削髮為尼。浮舟的困惑和痛苦，演繹了一幕精神和肉體分離的悲劇。作為日本文學登峰造極之作的《源氏物語》，通過精神失去肉體、肉體失去精神的犀利刻畫，在日本愛的歷史上宣告了明快健康的戀愛的式微和民族青春期的不再。

鐮倉時代（1192—1333 年），日本開始進入武家社會。由於武家的家世和身份遠比愛情重要，婚姻是政治聯姻，因此「自由戀愛」不斷衰落。即便如此，「浪漫主義的愛情」依然得到謳歌。軍記物語的代表作《平家物語》就是例證。《平家物語》不僅是描述戰爭的「軍記物語」的經典，而且有對愛情的細膩描述。清純可愛的女子同勇武剛毅的武士纏綿悱惻、如泣如訴的愛情故事，在《平家物語》中比比皆是。日本文學的悲情傳統，在《平家物語》中更是表現得淋漓盡致。例如，有這樣的一個故事：瀧口時賴是高級武士齊藤茂賴的嫡子，而橫笛則是建禮門院身份卑下的「雜司」。因此，齊藤茂賴嚴辭告誡兒子瀧口時賴，不得與橫笛相愛。瀧口時賴愛情難敵，父命難違，於 19 歲時出家當了和尚。對瀧口時賴一往情深的橫笛聞訊後，也遁入空門，削髮為尼。在這篇作品中，我們不難感受「浪漫主義愛情」的傳統表現。

江戶時代（1603—1868）井原西鶴的作品，更是對「浪

漫主義愛情」作了生動描述。井原西鶴的「好色物」不僅在他個人創作史上，而且在日本文學史上佔有重要地位。論及日本愛情文學，他創作的《好色一代男》、《好色一代女》不可不提。

《好色一代男》（1682 年）共 54 回，是井原西鶴「好色物」的處女作，也是在日本文學史上開創「浮世草子」的劃時代作品（「浮世」意為「世間百態」，「草子」即「故事集」）。《好色一代男》是在「燈火熄則戀情生」的情境中開始的：在主人公世之介七歲時的一個夏夜，女侍熄滅燈火後，他讓女侍靠近他，說：「你不知道戀愛是在黑暗中進行的嗎？」此後，世之介歷經風流，從妓院花魁到風流寡婦，從女傭到女巫，同各種女人都有過「親密接觸」；他也歷經坎坷，甚至曾被投入監獄。但無論遭遇什麼磨難，他好色本性始終不渝。在《好色一代男》中，作者設計了這樣一個結尾：年過花甲的世之介懷揣一生積蓄，帶著幾位好友乘上滿載催情用品的「好色丸」，前往尋訪天下好色之徒的理想國「女護島」。該作品以世之介的好色一生為經，以地方風俗為緯，編織了一幅江戶時代町人風俗的縮略圖。

《好色一代女》（1686 年）是《好色一代男》的對偶。作者通過老尼阿春的回憶，對「好色一代女」的心理和情感生活進行了細緻入微的描述。阿春天生麗質，最初是個宮女。在宮闈充滿色欲的環境中，過早地「知戀愛」，與年輕的宮廷武士愛得如醉如癡，並因此而被逐出宮廷，淪落青樓，成為同行花魁。阿春一生好色，直至中年依然性情激越，經歷豐富：她曾

與有婦之夫偷情，與主家老爺同歡，與破戒僧人為妻，與花甲老人做愛。然而可悲的是，她一世未能遇見能廝守終身的男人，最終投河自盡，在被救起後削髮為尼。她的經歷，不禁令人想起魚玄機的千古名言：「易獲千金寶，難得有情郎」。

除此之外，井原西鶴的《諸國故事》（1685 年），也對情色有生動描述。該作品中有一篇《忍扇之長歌》，敘述了一對身份不同的未婚男女的愛情故事。雖然此類故事在那個時代屬「老生常談」，但唯其如此，才更說明其具有典型意義：一位大名的姪女和身份低下的武士發生了戀情並一起私奔，在江戶偏僻處過起了男耕女織的生活。半年後，這對情人被大名派出追查的人發現，男的當晚被斬首，女的則被帶回大名府邸。大名令其自殺，但是等了很久也不見她有自殺的跡象，於是便派一名差役前往催促。這名差役對大名的姪女說：「因為你與人私奔，必須自裁，這是規定。」聽了差役的話，該女子說：「我並不惜命，但我不認為我的所作所為有什麼不義。自打出生後，我僅愛上過一個男人。我所以思戀和愛慕他，是因為我們有緣。這，豈能說是不義？若是有夫之婦思戀別的男人，或丈夫死後又找男人，那才可以被稱為不義。而我是沒有愛上過別的男人的女人，我一生只愛一個男人，這難道也可以被認為不義嗎？另外，彼此思戀，結為夫妻，這種例子自古就有，我哪有什麼不義？」最後，該女子得免一死，出家當了尼姑。

在發表《諸國故事》翌年，井原西鶴發表了《好色五人女》。該作品通過五個獨立短篇，勾勒了五個女人或無視身份

差別私訂終身，或為情所困為愛殉情，或不義密通私奔出逃的悲情故事。這些故事內容雖不連貫，但均圍繞「愛欲反抗壓抑」這一主題展開。在這五位女性中，有三位是町人家的未婚少女。她們按照自己的意願而不是「父母之命、媒妁之言」，以積極主動的方式分別愛上了三位少年，在愛情上實現了精神和肉體的統一。但是，她們的愛情無法衝破已經高度固定強化的禮教壁壘，最終均結局悲慘。另兩個已婚女子，一個在和情人第一次幽會時即被丈夫撞見。雖然他倆當時還未及親密，但「密通」原本有罪，因此該女子當即用刀刺入胸部自裁。另一個是商人的妻子，愛上了「手代」（夥計）茂右衛門，並在丈夫去江戶做生意時，和這名夥計有了肌膚之親。在發生了用她本人的話說「即便死也背負污名」的戀情後，倆人私奔他鄉，但最終仍被抓回處死。

美術中的「風情」

　　如果問，哪種美術形式最能夠代表日本美術？答案一定是「浮世繪」。因為，浮世繪不僅最具日本「工筆畫」即纖細精緻的特徵，而且對西方現代美術具有重要影響。19 世紀以降，西方美術流派多受浮世繪啟發，以致浮世繪在西方被視為「日本繪畫」的同義語。

　　何謂「浮世繪」？按照權威日語辭典《廣辭苑》的解釋：「浮世繪，源於佛教憂世的生活情感和漢語逍遙浮世的混淆語」。也就是說，「浮世」一詞有悲觀厭世的色彩。但是，1660 年代，「浮世」卻被塗上了「及時行樂」色彩。1661 年問世的「假名草子」《浮世物語》，即用日語假名寫成的通俗故事集，提出人生當如葫蘆漂浮於水上，隨波逐流，並稱「這就是浮世」。同時期的《漫步物語》也稱，「沉迷於夢之浮世」，等等。

　　「浮世」語義為何出現如此變化？主要因為江戶時代商品經濟的發達和「町人」即市民特別是商人的興起。論政治地位，他們屬「下等人」。但是按經濟實力，町人中又不乏「上等人」。他們在花街柳巷等可以盡情歡樂的自由空間，享受浮生若夢的生活，並因此使「浮世」成了「遊里」（花街柳巷）

菱川師宣 繪

的代名詞。不僅如此，當時很多物品也被冠以「浮世」，如「浮世袋」、「浮世帽」、「浮世傘」，連「禿」（後備妓女）的錢包也叫「浮世ござ」。而「浮世繪」這一稱謂首次出現，是在1682年問世的井原西鶴的名作《好色一代男》。

浮世繪的表現形式有兩種：一是「肉筆畫」，即不經木版雕刻的畫，可以獨立創作；二是木版畫，須集體創作：首先由畫師畫出「板下繪」，然後由雕刻師將其貼在版木上雕刻出輪廓、由畫師畫上顏色，最後由摺師印出。這和西方完全靠個人獨立完成，有很大差異。

浮世繪和活躍於江戶時代的狩野派、住吉派等一樣，是一種繪畫流派的統稱。1684年，被譽為「浮世繪開創者」的菱川師宣在《繪本浮世讀會盡》序言中對浮世繪的關注對象有簡明扼要的說明，「走筆描繪大和浮世繪，表現世態民情」。浮世繪最初是作為「草子」即通俗小說的插圖亮相的。隨著民眾喜聞樂見的「草子」的走紅，「浮世繪」也不斷在社會上「躥紅」。

雖然浮世繪被認為是江戶時代的產物，但追根溯源，其實「浮世繪」的歷史相當悠久。西元770年，即奈良時代，稱德天皇敕令創作《百萬塔陀羅尼》，該作品是現存最早的木版畫，也是浮世繪的萌芽。平安時代（794—1192年），扇面、「襖」（室內分隔房間的移門）和「障子」（糊紙木製窗），均已有風情民俗的展示。現存於東京國立博物館的國寶《扇面古寫經》，描繪的就是庶民風俗。鐮倉時代（1192—1333年），這

種「風俗畫」又有了新的發展。收藏於京都歡喜光寺的《一遍上人繪傳》，描繪的是佛教時宗開山祖一遍智真巡遊全國傳經佈道的故事，但畫面卻非常寫實地展現了市井風情。1530年代以後，以庶民生活和風俗為題材的屏風畫，更是迅速鋪展。東京國立博物館收藏的《月次風俗圖》以及《十二個月風俗畫帖》，雖然筆法依舊，但題材和內容卻堪稱全新。室町時代末期，一種被稱為「御伽草子」的短篇小說開始流行，其中配有插圖。

戰國時代，日本畫壇一代宗師狩野永德（1543—1590年）創作、織田信長贈送給上杉謙信作為禮物的《洛中洛外圖》，不僅將人們在花街柳巷的享樂生活描述得栩栩如生，而且這種風情本身就是「主題」而非「背景」。進入江戶時代以後，「風俗畫」又出現新的變化：主要是畫面的場景從室外移到室內，從「大眾」變成「小眾」。例如，大和文華館收藏的《松浦屏風》中的美女，幾乎等身大。熱海美術館鎮館之寶《湯女圖》，描繪了為客人洗澡的女服務員——「湯女」的「野性美」。正是這類畫作，顯示了「風俗畫」的傾向性轉變，「性工作者」之類「小人物」成了「浮世繪」風俗畫的主角。由於這類畫作大都產生於寬文年間（1661—1673年），所以被統稱為「寬文美人」。

隨著作品主題的轉變，浮世繪注入了「妖艷」的色彩。如前面談到，在日本江戶時代，「浮世」就是指花街柳巷。在花街柳巷成長的浮世繪，自然沾染脂粉氣。隨著歌舞伎和花街

柳巷的繁榮，描繪作為妓院代名詞積怨的「吉原故事」，描繪「東海道四宿」即四個花街柳巷的《東海道名所記》等作品，紛紛問世。作為插圖的「浮世繪」，也因此有了廣闊的「棲身之所」。不過，具有諷刺意味的是，日本的「春畫」是在佛教日益廣泛深入影響日本的 10 世紀左右出現的。浮世繪也受到「春畫」的影響，而真正使浮世繪獨樹一幟成為一種「流派」的，是菱川師宣。

　　菱川師宣 1618 年出生於房州（千葉縣），1658 年也就是40 歲的時候，他到了江戶。江戶是個消費性城市，很多有錢人很會享受，頻頻出入花街柳巷。他們究竟在那裏做什麼？庶民自然非常好奇。有關這類題材的繪本相當搶手。菱川師宣見這是個來錢的差事，於是便為這種繪本畫插圖，不僅描繪遊廓吉原的風情，遊女的容姿，而且描繪男女的翻雲覆雨。除了插圖，他也畫「一枚繪」即單張作品，並因此開啟了浮世繪真正的濫觴。他的作品如《小夥與姑娘》、《美人回首圖》，既以可視的形式敘述故事，又以誇張的形式把握習俗，通俗易懂，栩栩如生地描繪了花街柳巷女性美的形象。不過，必須強調，「浮世繪」雖然不乏妖艷乃至「不堪入目」的場景，但「浮世繪」並不等同於「春畫」。「浮世」有時也泛指社會的風俗民情、世間百態。同時還必須強調，浮世繪是以日本風俗為題材的日本美術的代表。但是，按照日本學者谷信一的說法，「浮世繪版畫也同中國版畫具有密切關係」。例如，菱川師宣的《繪本風流絕暢圖》就是中國《風流絕暢圖》的「山寨版」。

西川祐信 繪

浮世繪問世後，有「東師宣，西祐信」一説，即關東有菱川師宣，關西有西川祐信。不過，西川祐信出生於 1671 年，生活的時代比菱川師宣晚了半個世紀，而且兩人的風格和題材存在明顯差異。著名畫家白倉敬彥評論説，「菱川師宣描繪的色戀世界以武家為背景；而西川祐信描繪的則屬町家社會的色戀樣貌。」西川祐信創作生命長達 50 年，畫作達好幾百冊，筆耕之勤，成果之豐，由此可見一斑。西川祐信最擅長畫的是美人風俗圖，雖然他的畫作大都是墨印，但卻以細緻柔軟的曲綫，將女性的柔美展示得惟妙惟肖，並因此為美人畫融入了新的意境，對後世特別是鈴木春信寫實的美人畫樣式，產生了重要影響。

　　鈴木春信的出現，同樣具有里程碑意義。18 世紀中葉，浮世繪多露骨地表現人體美的作品，描繪遊女和女藝人的裸體畫充斥市場。為什麼會出現這種情況？按照東京國立博物館名譽官員菊地貞夫的説法，「實力不足的畫師們，通過畫裸體版畫保持人氣。因為，畫這種畫既省時又省力。」但一味靠在畫上脱女人的衣服攢人氣，實在是一種頹廢和沉淪。鈴木春信通過「錦繪」，打破了這種僵局。浮世繪畫作有「墨繪」、「藍繪」、「丹繪」、「漆繪」、「浮繪」、「錦繪」。「錦繪」是日語，中文譯作「彩色版畫」。18 世紀中葉，一張紙上已能夠印刷約 10 種顏色，鈴木春信便將這種多彩用於浮世繪。因為他畫出來的畫如同美麗的織錦，所以叫「錦繪」。菊地貞夫教授評價説，「明和二年（1765 年）錦繪的創始和鈴木春信的出現，

鈴木春信 繪

鈴木春信 繪

不僅為陷入困境的浮世繪開闢了一條前進通道，而且發揮了浮世繪的特性，使之成為獨步於世的藝術。」[1] 除了技術原因，鈴木春信所以能有此貢獻，還因為他吸收了中國擅長畫美女的明代大畫家仇英的藝術風格。鈴木春信總共創作了 600 多套版畫，很多是遊女（娼妓）和藝伎，代表作有《夜雨美人圖》和《吉原美人集》等，他用或調和、或反差的色調，描繪腰細纖手，體態苗條的美女，具有抒情韻味和詩歌意境。

鈴木春信死後，浮世繪的畫風從浪漫走向寫實，而描繪具有「實感」的美人首屈一指的代表人物，是鳥居清長（1752—1815 年）。鳥居清長筆下的美女不僅水靈靈風情萬種，而且衣著是當時女性服飾的真實展現。在他的影響下，日本畫壇湧現了一批浮世繪大師，其中包括被譽為「美人畫第一人」的喜多川歌麿。

喜多川歌麿（1753—1806 年）和許多浮世繪畫師一樣，也是從模仿鳥居清長開始的，但如他的《青樓仁和嘉女藝者》所顯示的，他在 20 多歲時就已開始形成自己的風格，並在1791 年發表了新的美人畫樣式，成為浮世繪界新寵。與前人相比，喜多川歌麿展示的新的「美人畫樣式」，一是不再注重綫條，而是注重色彩。但是，他注重色彩並不是使畫作顯得斑斕，而是以有限的色彩獲取最佳的效果；二是以往浮世繪畫師注重美女的形態美和衣裳美，而喜多川歌麿則主要畫美女頭

[1] 菊地貞夫：《浮世繪》，保育社，1991 年版，第 24 頁。

喜多川歌麿 繪

喜多川歌麿 繪

喜多川歌麿 繪

喜多川歌麿 繪

像，通過面部表情揭示女性內心情感。喜多川歌麿的代表作有
《婦女人相十品》、《婦人相學十體》等。當時有名的美女，幾
乎都當過喜多川歌麿的模特兒。然而，他筆下的美女幾乎千人
一面，這是為什麼？因為，他只是借用那些美女的名字描繪自
己心目中理想中的美女。當時，「大多數流行藝術家，包括大
名鼎鼎的喜多川歌麿，作了很多春畫，並且有不少作家描寫色
情。許多色情畫像像 10 世紀譏笑佛教那樣，諷刺古板保守的
儒教經典」。[1] 但是，儒教朱子學是統治者尊奉的官學，豈能
隨意諷刺？發展下去就必然有畫師會直接將筆觸對準統治者本
身。這是統治者所不能容忍的。1804 年，喜多川歌麿創作了
《太閤五妻洛東遊觀圖》，因涉嫌誹謗，被判關入牢中戴了 50
天手銬。受此打擊，喜多川歌麿兩年後就駕鶴西行。

　　說起浮世繪，葛飾北齋和安藤廣重不可不提。他倆分別繪
製的《富士山 36 景》和《東海道 53 次》，不僅拓展了浮世繪
的題材，而且在明確的美術自然觀的基礎上對構圖和色彩進行
了很好的調和。不過，本節主要談「風情」，所以只能遺憾地
割捨。

---

[1]　伊恩·布魯瑪：《日本文化中的性角色》，張曉凌、季南譯，光明日報出版社，1989
　　　年版，第 11 頁。

《富士山 36 景》之二景 葛飾北齋 繪

安藤廣重 繪

（四）

影視中的「風情」

　　1996 年，我在日本看了兩部依據渡邊淳一作品改編的情色影視作品。「情色」（pink）不同於「色情」（porn）。色情是性欲望與性對象的直接呈現，粗鄙而淺顯。「情色」則曖昧而蘊含深意，通過「性」這種表象闡述特定的文化涵義。

　　我看的第一部渡邊淳一的改編作品《失樂園》在中國也非常著名，雖然在中國沒有公映。在《失樂園》中有一個值得關注的細節。男一號、某出版社編輯久木祥一郎和女一號、書法教師松原凜子這對有著深深婚外情感的男女，前去探望一位病入膏肓的老友。這位老友提出了一個臨終前的願望：摸一下凜子的胸部。聽到他的這個願望凜子愣住了，用異樣的眼神盯著久木。久木什麼也沒說，低著頭默默走出了病房……。幾天後，病人去世了。

　　我看的第二部改編渡邊淳一的作品是電影《無影燈》。影片故事主人公叫直江庸介，是一位高挑英俊、技術精湛的外科醫生，37 歲，未婚。這樣的男人自然會有很多女性傾慕，和直江同醫院的女護士志村倫子，更是對他一往情深。直江看似寡言少語，冷漠無情，其實在他的心靈深處有著一種人而為人

的溫情。一天晚上，直江和倫子一起值班。一位罹患重病的老人摁了床頭鈴呼叫，倫子立刻趕了過去。原來，他要求倫子將尿壺遞給他。這是重病病人合情合理的要求，倫子當然沒有拒絕。但讓倫子想不到的是，那個病人並不是真的想撒尿，他沒有去接尿壺，而是用力抓住倫子的手，想讓倫子摸他「撒尿的地方」。倫子用力掙脫，跑進了醫生值班室。直江見她神色異常，便問她：「怎麼了？」倫子將剛才發生的事告訴了直江。倫子原本以為，直江會安慰她幾句，沒想到直江只是淡淡地說了句：「他是個臨終的病人，這個要求你應該滿足。」深愛直江的倫子聽他這麼說，跑回了病房，對那個病人說：「你還要小便嗎？」還沒等他回答，便主動拿著尿壺走到床前，將尿壺塞進了病人的被窩……。第二天，病人死了。

這兩個情節都強調一個道理：性欲是人的本能，人至死都會有這種要求。這不僅是渡邊淳一在作品中反覆渲染的觀念，而且是深植於日本文化的傳統觀念。我所以將這一節的標題定為日本影視劇中的「風情」，就是因為在日本的影視作品中，風俗和情色往往可以合二為一。這種結合，甚至在人類尚不知影視劇為何物時，已經出現。

日語中有一個頗有寓意的詞，叫「濡れ場」。「濡れ場」按字面解就是「濕潤的場景」，原先是指歌舞伎中的情色場景，後來泛指所有戲劇和影視作品中的此類場景。江戶時代的戲劇，特別是歌舞伎，按照戶部銀作的說法，「不難發現，江戶時代的劇本中有很多這種場景」。「不僅河竹默阿彌的作品，

其他歌舞伎作品，包括新派歌舞伎作品，有很多實際表演性行為的場景。」[1]

確實，情色是歌舞伎不可或缺的構成部分。在歌舞伎中，經常有顯示與性愛有關的動作和語言，很多那種語言都是「約定俗成」的隱語，如「唸佛講」（輪姦）、入豆（做愛）。還有很多聽起來似乎很「高雅」的名字，如「洞庭秋月」。

明治維新後，隨著文明開化的展開，明治政府認為舞台上這種傳統「風俗」表演，實則傷風敗俗，遂著手整治。1897年，東京警視廳對歌舞伎《小猿七之助》劇組下達整改令：「修改淫猥卑鄙的場景，或者改演其他劇目。如果不進行修改，依然原樣上演，將取消劇團上演資格」。迫於壓力，劇組在七個半月的時間裏反覆修改，幾易其稿，終於獲得東京警視廳「完成永久性檢查」的認定。但是，這種情色場景在日本從此銷聲匿跡了嗎？當然沒有。不僅沒有，而且以各種方式和寓意呈現。

1965年，日本上映了由武智鐵二執導的電影《黑雪》，引起很大轟動，成為一個社會事件。武智鐵二原名川口鐵二，1912年12月10日出生於大阪一個富有的企業家家庭。戰後，武智鐵二用企業家父親留給他的遺產，創立了一個劇團。在1945年到1955年間，這個名為武智歌舞伎的劇團，通過為歌舞伎注入新的通俗表演的元素，重新點燃了日本民眾對歌

---

[1] 戶部銀作：《演劇中顯現的性風俗》，載藤澤衛彥編：《日本性風俗志》，1963年版，第88、97頁。河竹默阿彌是江戶末期、明治初期最著名的歌舞伎劇本作家。

舞伎的興趣，使歌舞伎在戰後獲得了新生。1960 年代，武智鐵二從舞台走向熒屏，他的第一部作品是《日本之夜女·女·女物語》，聚焦夜場中的女人，包括脫衣舞女和藝伎，《黑雪》是他導演的第四部作品。故事以一家「風俗店」為主要舞台展開，主角叫崎山次郎，外表英俊。但是，他並沒有因此感謝母親給他的基因，而是為有這樣的母親感到羞辱。因為，他的母親彌須在美軍橫田基地經營一家「風俗店」。次郎在「風俗店」混亂的環境裏，耳濡目染風塵女子的痛苦和墮落，內心裏對美軍士兵充滿了仇恨。一天晚上，次郎的朋友黑瀨慫恿次郎刺殺經常出入「風俗店」的一個黑人士兵。次郎聽從了黑瀨的建議，將刀刺向了那個黑人士兵的胸口。這一刀徹底改變了他的命運。

《黑雪》因為有露骨的情色場景而被禁映，武智鐵二也被東京地方檢察院告上了法庭。但是，武智鐵二不承認《黑雪》是情色片，更不承認自己有罪。他強調，《黑雪》是具有強烈民族主義色彩的影片，記述了一段日本人當牢牢記取的歷史，是反對美帝國主義的政治聲明（「美帝國主義」是一個當年為很多日本人痛恨的名詞）。法庭上，武智鐵二做了如下自我辯護：「我承認，在這部影片中確實有一些裸體鏡頭，但那是心理上的裸體，象徵日本人面對美國人的強暴無力抵抗。在美國中央情報局和美國軍隊的慫恿下，那些檢察官們指責我的影片不道德，有傷風化，但那是重彈了幾個世紀的老調。江戶時代，因為有色情場景而要取締歌舞伎，因為有人賣淫而要禁止

女人演戲，因為有人搞同性戀而禁止青年演員登台時，當局也說是為了維護公共道德和公序良俗。但是，實際上那是地地道道的政治鎮壓。」最終，由於民眾特別是知識分子的聲援和抗議，武智鐵二被無罪釋放。他的《黑雪》由此在日本電影史上豎起了一塊醒目的里程碑。

1970 年代末，曾經在中國熱映過一部日本電影《人證》。《人證》是根據日本著名推理小說家森村誠一的小說《人性的證明》改編的，由佐藤純彌執導。影片敘述了日本女性八杉恭子的故事。八杉恭子曾經遭到美國佔領軍士兵蹂躪，後來和一個美軍黑人士兵生下混血兒。她為了隱匿那段「不光彩」的歷史；為了使自己已經取得的著名服裝設計師的地位不受影響；為了使自己後來組織的家庭不受破壞；為了使後來生的兒子恭平的前途不受影響，居然將專程從美國來日本尋找她的親生兒子殺死。然而，她並沒有能保住恭平的前途。恭平因犯罪逃往美國，最後被警方擊斃。兩個兒子的離世，令八杉恭子萬念俱灰，最後跳下斷崖身亡。「媽媽，你還記得嗎，你送給我的那頂舊草帽，很久以前我失落了，那草帽飄搖著墜入了霧積峽谷……媽媽，那頂舊草帽是我唯一珍愛的無價之寶，但我們已經失去，沒有人再能找回來，就像是你給我的生命。」影片中的這首插曲《草帽歌》，曾傳遍中國大江南北，賺取了中國無數觀眾的眼淚，而這部影片則以誘人的畫面、精彩的對白，及具有日本「物哀文化」特質的音樂旋律，揭示了「人性」這一主題。特別值得注意的是，在這部影片中也有女主角八杉恭

子遭美軍強暴的鏡頭。

在戲劇舞台上表現強暴的場景，在日本江戶時代就已出現。例如，在「鬧新房」時會出現這種場景。近松德三創作，1803年上演的《繪本忠臣藏》，就有對新娘集體施暴的場景。故事的梗概是，一個叫與茂七的新郎和岩城忠太兵衛的女兒正舉行婚禮，曾經向新娘求過婚並遭到拒絕的小山田太平次帶了一幫人跑來。雖然他在此時此刻是「不受歡迎的人」，但鄉鄰討喜酒喝是當地習俗，主人不得不笑臉相迎。孰料，小山田喝醉後居然胡來，跟他一起來的那幫傢夥也一哄而上，將新娘婚服「白污垢」撕壞，頭髮弄亂。新郎與茂七最終忍無可忍，揮舞武士刀將這幫惡棍全部殺光。這一幕僅僅是為了給全劇添點「色素」？當然不是。

舞台上遭受本國人強暴和銀幕上遭受美國人強暴，都是有文化寓意的。前者強調的是維護名譽。對武士而言，名譽比生命更值得珍惜，是武士道的關鍵詞。後者則以日本女性遭受美國軍人的強暴，「象徵日本人面對美國人的強暴無力抵抗」。《黑雪》將政治元素注入了「情色電影」，具有劃時代的意義。

日本的情色影片和西方情色影片相比，有明顯不同。西方的情色影片，往往將性交作為男女分享的快樂體驗，而日本此類影片中的情色場景，往往是被姦者一絲不掛，施害者卻衣冠楚楚。這是一種意蘊：性行為如果違背個人意願，是玷污和踐踏。這種觀念也體現於日本的立法思想。例如，日本並不否認慰安婦的存在，但竭力抵賴「強徵」慰安婦，就是基於這種思

想。同樣按照日本人的觀念，如果女性成為施害者，則會採取匪夷所思的行動，成為難以理解的惡魔。1936 年 5 月 18 日，日本發生了一件轟動性事件。18 歲就離家出走當過各種女性專職工作的阿部定，在 32 歲的時候遇見了一個賣鰻魚飯的店主石田吉藏，兩人之間的交往如魚得水，常常盡雲雨之歡。最後，阿部定用腰帶勒住了情人的脖子，使石田吉藏死在了最後一次高潮中。然後她割下了石田吉藏的命根。石田吉藏一命嗚呼，阿部定則因為「情癡」僅被判 6 年。這個事件之所以轟動，就是因為影片揭示了日本人的文化觀：性欲的盡頭是死亡。大島渚執導的《感官世界》，就是根據這個案例改編的。1976 年 5 月，《感官世界》在夏納國際電影節期間公映引起轟動，被稱為「發掘日本傳統庶民文化中的性愛讚美傳統，對長久以來因宗教而受到性壓抑的歐洲社會進行了挑戰性的敲擊」，獲得評審團大獎。電視劇《失樂園》中有根據這個真實案例改編的閃回場景，而《失樂園》最後的場景，則是男女主人公久木祥一郎和松原凜子赤身裸體擁抱在一起死去。傳遞著那種近乎變態的性觀念的影視作品告訴人們，性的交歡猶如櫻花般怒放，性的終結有如刀下的生命。

寺山修斯和大島渚、神代辰巳、若松孝二並稱為「日本四大情色電影大師」。寺山修司導演的《上海異人娼館》改編自法國小說《O 的故事》，以清末上海為舞台，以波德萊爾詩句「被快樂，這無情的劊子手鞭打」作為主題，講述虐戀的故事，哀憐凄美，極具日本文化「物哀」的特性。神代辰巳導

演的第一部作品是《第一排的人生》，敘述一對母女各自的感情生活，票房慘淡。他隨即開始轉型拍情色電影，第二部作品《濕潤的脣》獲得成功。隨後拍攝的《濕濡的情欲》也大受歡迎。1980 年，神代辰巳因執導《紅髮女郎》而獲得第 3 屆日本電影學院獎最佳導演提名。若松孝二本名伊藤孝，1965年，他執導的「粉紅」影片《牆中秘事》入圍第 15 屆柏林國際電影節主競賽單元。1976 年，他作為《感官世界》的監製，和大島渚分享了榮譽。1982 年，他執導的情色電影《無水之池》也大受讚賞。2012 年 8 月 30 日，若松孝二獲第 17 屆釜山國際電影節亞洲年度電影人獎。但令人痛惜的是，當年 10月 17 日，他因車禍去世。2013 年 1 月 22 日，若松孝二榮獲第 36 屆日本電影學院獎會長特別獎。可以認為，日本影視劇中的「風俗」和「情色」，是對日本文化透徹甚至「鮮血淋漓」的解剖，因而才能在國際影壇備受矚目。

第二章

衣食住行的「風情」

洗澡也要「遮羞」

　　大自然芸芸眾生，只有人穿衣服，服裝是人類獨有的文化。但是，若問最初人為什麼要穿衣服，卻足以難倒專門研究服裝的專家。如果說是為了禦寒保暖，那為什麼生活在熱帶地區的阿拉伯人，特別是女性，終年將身體各部位裹得嚴嚴實實，而生活在靠近南極的阿根廷菲果島上的居民，卻終年赤身裸體？有個叫布恩托的德國學者，就服裝的起源問題進行了一番深入研究，並得出結論：服裝的起源同性有關。芬蘭學者威斯特·馬克通過研究，也得出了同樣結論。但是，他們的結論並非舉世公認的定論。迄今為止，關於人最初為什麼要穿衣服，大致有四種結論：一、為了顯示男女性別和對顯示性別特徵部位的保護；二、為了禦寒保暖；三、保護身體最重要部分以免遭惡魔侵害；四、遵守宗教戒律。

　　同理，日本人最初為什麼要穿衣服？這個問題沒有明確答案。但我們知道，日本人最初穿的叫「貫頭衣」和「橫幅」。所謂「貫頭衣」，就是在料子上挖個洞，從頭上往下套，然後繫住垂在兩腋下的料子。所謂「橫幅」就是一塊料子裹在身上，露出右肩，有點類似和尚披的袈裟。如此穿著是否為了

「遮羞」不得而知，但日本人有「遮羞」意識是可以肯定的。

今天，日本人都穿內褲，但過去無論男女都不穿內褲。那是不是光著屁股直接套上長褲或長裙呢？當然不是。那時，男女都繫一條叫「下帶」的兜襠布遮羞。男的「下帶」叫「褌」，女的「下帶」有很多名稱，但《武道傳來記》中的名稱還是挺「傳神」的，叫「隱恥」。

根據江戶時代留存下來的屏風畫等可以發現，男子繫的「下帶」──「褌」，有點類似於相撲選手繫的「丁」字形「兜襠布」。據記載，男子的「下帶」歷史相當悠久。在奈良時代和平安時代初期，日本統治者大量吸收和模仿中國唐代文化，但直到江戶時代，「下帶」才進化成有點類似於褲的兜襠布。棉花是在 15 世紀左右，即室町幕府晚期傳入日本的。在此之前，「下帶」是用麻織成的。日本古籍《下學集》對「褌」有

《拾貝圖》中的著褌者 葛飾北齋 繪

通俗易懂的解釋：「褌是男根衣」。1963 年，日本考古等部門對三位江戶幕府的將軍，進行了「驗屍」。這三位將軍都葬在位於東京的淨土宗總本山增上寺，他們是第二代將軍德川秀忠、第六代將軍德川家宣、第十二代將軍德川家慶。結果發現，他們都穿著「絲綢褌」。另據《德川實記》記載，當時一些商人等有錢人也穿「絲綢褌」。1634 年 3 月、1656 年 7 月、1670 年 3 月，幕府三次頒發法令，禁止商人穿絲綢，因為這違反穿著等級規定，但未能奏效。之後，各行各業的男人，特別是經常出入花街柳巷的嫖客，紛紛穿起各種面料的「褌」，有的甚至穿高檔的「飛紗綾褌」。需要說明的是，「褌」不是像今天人們穿的短褲那樣，是「穿」上的，而是「捲」上的，一般都是 6 尺長，所以又叫「六尺物」，有緋紅、藍、蕎麥、淺黃、紫等各種顏色。但是，從各種「繪捲物」中可以瞭解到，江戶時代之前，「下帶」幾乎都是白色的。

　　眾所周知，日本有奇異的風俗——混浴，即男的女的全身赤裸，在一個池子裏洗澡，但瀏覽一下東京國立博物館的「風俗屏風畫」就可以發現，最初的「混浴」並非全身赤裸，而是男女都用「下帶」遮羞。屏風畫上有「湯女」服侍男客人沐浴的場景。她們也著「下帶」。山東京傳（1761—1816 年）還為後人留下了這方面的珍貴文字資料。山東京傳原本是江戶京橋的一個藥舖老闆，因酷愛寫作而成了兼職「通俗文學作家」。他在《古董集》中寫道，人們穿的全都是「紅色下帶」。後來，史籍《堂大門屋敷》也描述了當年澡堂的「景觀」。總

之，當時的人們在洗澡時都著「風呂下帶」，並不是像後來那樣一絲不掛。有一本叫《御前獨狂言》的書還寫道：有個男人喝醉了酒，沒有穿「風呂下帶」就走進了浴池，引得眾人哈哈大笑。到了 1760 年代以後，綱紀鬆弛，風俗混亂，人們不著「風呂下帶」進浴池日益成為常態。這成何體統？1787 年，第八代將軍德川吉宗的孫子松平定信成為幕府「老中」後，為了整肅這種亂象，規定男女隔日入浴，或者將男女浴池分開。在《江戶繁昌記》中有相關記載：「聞往時男女同浴，混雜無別，及越中守樂翁令其停止」。松平定信號白河樂翁，曾任越中守，故稱「越中守樂翁」。但是，這一違背日本「傳統風俗」的規定，收效甚微，最後成為一紙空文。

再來說說女性的「下帶」。在明治維新的文明開化以後，雖然「洋服」迅速普及，但內褲在女性中並沒有普及，因為她們都感到穿著不舒服。但是，1932 年 12 月 16 日上午 9 點左右，建成僅一年多的百貨店「白木屋」的一場大火，使內褲在女性中迅速普及。12 月 16 日，聖誕前夕，店內一棵聖誕樹上的燈泡發生故障，一名電工發現後立即進行修理。由於操作不慎發生短路，火星引燃易燃物品，釀成火災。店員和顧客慌不擇路，有的逃到大樓頂層。消防人員讓他們拉住安全帶慢慢往下滑。那個時代女性和服裏面是不穿內褲的，風一吹，和服翻捲，「春光外泄」。於是，她們只能一隻手拚命按住裙襬，僅靠一隻手攀爬。最後統計，這場大火共造成 14 人死亡，500 多人受傷，其中 40 人重傷。死者中男性 6 名，包括那名電

工，女性 8 人，都是跌落致死。當時的日本報紙報道稱，「穿不穿內褲，決定日本女性的生死。」

那麼，明治以前日本女性直接裸體套和服嗎？也不是，她們也有「下帶」。

江戶時代，女性的「下帶」有「湯捲」、「湯具」、「湯文字」、「二布」、「腳布」、「下結」、「蹴出」等各種名稱。在日語中，「湯」就是洗澡或澡堂。女性的「下帶」確實和洗澡有關。直到 18 世紀初，和男的一樣，女的也不是赤條條和男人一起混浴。《武道傳來記》稱女的「下帶」為「隱恥」，意思就是遮蔽恥部，也就是陰部。後來，女性的「下帶」統一稱「腰捲」。不過，根據《嬉遊笑攬》記載，「腰捲」一詞的歷史並不悠久，直到 1810 年代才出現，原先是侍女服侍主君沐浴

腰捲

時，為了不弄濕衣服而束在腰間的一根帶子。必須提及的是，日本裝束的源流有兩支，一支源於南方印度尼西亞一帶，一支源於北方的中國和朝鮮。當時，日本北邊的文化遠勝過南方的文化，公家和武家的裝束主要受北邊中國的影響，但「下帶」則主要受南方影響。按照遠藤武在《衣生活中顯現的性風俗》中的說法：「『江戶子』繫的下帶，無論男的下帶還是女的下帶，都是南方系的，屬裳，不屬大陸系的褲。」[1]

但是，作為女性「下帶」的「腰捲」和男性的「下帶」明顯不同。「腰捲」，原是比較長的一塊布，顧名思義，是捲在腰間的，脫掉時也是解開，而不是像裙子那樣往下褪。最初，「腰捲」是上流社會女性的衣著，後來逐漸向民間普及。在幾乎整個江戶時代，「腰捲」的顏色基本都是白色或紅色的，直到江戶時代末期的天寶年間才新添淺黃色。江戶時代初期的《和國百女》，有女性的外衣下襬處露出「腰捲」的身姿。「腰捲」有一個缺點，就是在抬腿時可能「春光外泄」。為了克服這個缺點，她們便在腰捲的下襬處縫入鉛，使之下墜。按理，露出「腰捲」是不合規矩的，但遊女的世界卻沒有這種規矩。據《古契三娼》記載，一些遊女既要維持體面，又因囊中羞澀，於是會將原本一體式的「腰捲」改為上下兩截可拆卸的，一般只更換部分露出來的下半截「腰捲」。那些死於白木屋火

[1]　遠藤武：《衣生活中顯現的性風俗》，載藤澤衞彥編：《日本性風俗志》，1963 年版，第 206 頁。「江戶子」意為生於江戶長於江戶的「地道的江戶人」，具有淡泊金錢和自負的品性。

災的女性，應該也都著有「腰捲」。

「腰捲」外面穿的是「和服」。其實，「和服」這種式樣最初是受三國時代中國江南服裝的影響。很多人知道，日語中有「吳服」一詞。其實，查一下《廣辭苑》等日本權威辭典就知道，「吳服」原先並不是服裝，而是做服裝的綢緞面料。「和服」一詞也是在江戶時代以後，為了區別「洋服」才稱本土服裝為「和服」。所以，日語中狹義的「著物」就是「和服」。

和服近於全部由直綫構成，少有曲綫，如將和服展開，幾乎就是個長方形。和服有幾個優點，一是因為需要繫帶，所以不必像西服那樣嚴格地「量體裁衣」；二是「通氣」，因為和服有 8 個「透氣孔」；三是顯示「出身」。日本曾上演過一部叫《長七郎》的系列片，其中一集說的是有個惡棍想將一個開梳子店謀生的女人殺死，以便霸佔她的店舖。長七郎前往收拾那個惡棍。當他出現在惡棍面前時，惡棍便求饒命。原來，長七郎和服上的家徽顯示，他是幕府將軍家的人。按照原東京國立博物館館長樋口清之的說法，「在將家徽附於和服的瞬間，和服已不再僅僅是衣服，而是成為顯示血統即家族的名譽和炫耀這種名譽的標誌」。

一些婦女出嫁後，雖然「入籍」改為夫家姓，但在和服上依然綴著娘家的家徽。「這是為了留存男子曾入贅女家的痕跡」。[1]

---

[1] 樋口清之：《不消亡的日本人──其文化和歷史的秘密》，泰流社，1980 年版，第 132 頁。

穿著和服佩戴耳環、手鐲、項鏈等首飾，屬「畫蛇添足」，但有一樣東西必不可少，那就是圍在腰間的帶子。最初，和服的腰帶寬度僅 1.5 至 2.0 寸。16 世紀中葉，耶穌會傳教士將基督教傳入日本。日本人見耶穌會傳教士教袍上的腰帶挺別致，於是競相仿效，形成了所謂「名護屋帶」（名護屋是地名，位於今天九州佐賀）。再後，「名護屋帶」花樣疊出，形成了寬達 1 尺的「博多帶」。「博多帶」的結最初是繫在身前的。腰帶結「後移」發生於 18 世紀 30 年代。當時，恰逢日本傳統戲劇「芝居」開始獨立於歌舞伎自成一體。「芝居」演員為了「拗造型」，將腰帶結弄得越來越寬。特別是著名的「芝居」演員吉彌、文七，將結打成「蝴蝶」等造型並繫在身後，跟著演員翩翩起舞，增強了觀賞性。人們競相仿效「芝居」演員的服飾，遂成「時髦」。據統計，今天和服腰帶的繫法有 278 種之多。日本有「和服教室」，專門教授和服穿著打結。和服的「小墊」所以與和服形影不離流傳至今，最根本的原因是由於生活習慣和遺傳的原因，日本女性大都下肢發達，身材不太勻稱 —— 按日本男人的說法，長著兩條「蘿蔔腿」。繫一條寬腰帶能顯得「下身修長」。

吃飯也會「中毒」

　　日本著名西洋畫家、小說家有島生馬曾經講過一個發生在自己身上的趣事。有島生馬畢業於東京外國語學校意大利語科，因為對西洋畫興趣濃厚，便在 1905 年前往意大利羅馬美術學校學習。某日，他在一家飯店裏吃自己帶去的鰹魚乾。店裏的老闆娘見了，好奇地問道：「你吃的是什麼？」有島生馬回答道：「哦，這是鰹魚乾。」沒想到老闆娘聽說是鰹魚乾，即刻問他：「能不能分一點給我？」原來，日語「鰹魚乾」的發音和意大利語「陰莖」的發音完全一樣。女老闆以為吃了可以壯陽，想要一點帶回家去給她丈夫吃。

　　上述事例反映了食和性的關係。如果說服裝是人有別於動物的特徵，那麼食也是人有別於動物的特徵。因為，沒有一種動物像人這樣「雜食」，有如此廣泛的食譜。食譜廣，有益於維持旺盛的生命力。動物一般有發情期，但人則是「全年無休」。人和動物的這一差別，也和是否「雜食」有關？

　　含有白氨酸的墨魚、乾貝、海帶、海藻類的食品，是日本人的日常食品，都含有強精壯陽物質。但是，日本男人為什麼「不行」呢？這主要歸咎於他們的主食 —— 大米。在 1467

年即應仁元年日本爆發「應仁之亂」、進入戰國時代以前，日本人的主食是糙米，日文寫作玄米。今天玄米主要用來做「玄米茶」。1549 年耶穌會傳教士進入日本，主要出於傳教目的，他們對日本的風土人情進行了詳盡觀察。在他們發回耶穌會總部的《耶穌會士日本通信》中，有很多關於日本風土人情的敘述。其中寫道，日本武士所以能揮刀舞劍馳騁戰場，農民所以能辛苦勞作不知疲倦，主要因為他們吃的是糙米。

日本人吃糙米，主要因為農民和下層武士生活貧困，食物不足，甚至因為天災而遭受饑荒，不敢精碾細軋造成浪費。畢竟，在那個年代，米糠都是可以作為糧食充飢的。進入江戶時代後，由於社會的安定和生產技術的進步，特別是稻米耕作技術不斷改良，人們的生活條件得到改善。於是，特別是武士和商人等都開始改吃精米。孰料，時隔不久，出現了一種此前沒有的疾患。人們不知道這種病的病因是什麼，所以籠統稱之為「江戶患」。所謂「江戶患」就是今天的「腳氣病」。今天我們知道，「腳氣病」的病因與維生素 B1 的缺乏直接相關。以前所以沒有出現「江戶患」，就是因為「糙米」附有稻穀的穀殼，而穀殼不僅含有豐富的維生素 B1，而且含有多種維生素和微量元素，為人體所必須。經過「精軋」，維生素和很多微量元素被大量清除。精米比糙米口感好很多，而且澱粉依然留存，但卻造成日本人體質變弱，性慾減退。今天的科學研究證實，維生素 B1 的缺失會造成神經麻痹，特別是末梢神經麻痹，導致陰莖感覺遲鈍和性慾減退，甚至陽痿。另外，以大米為主食

還會因碳水化合物攝入過量而引發糖尿病，而性欲減退是糖尿病的主要症狀之一，也是罹患糖尿病的危害。因此，日本有個很雷人的詞：「大米中毒」。

1955 年以後，幾位美國營養學家經過持續的研究指出，食物營養比例失衡，會導致性欲減退，因而強調應該減少澱粉類攝入，多吃蔬菜、肉、蛋等。日本學者杉靖三郎認為，日本人長期以大米為主食，同日本人性欲減退和性能力弱化有直接關聯。自江戶時代以後，日本在性技巧方面的花樣百出以及性行為的變態，或許也與日本人性能力本身的弱化有關。今天的科學研究證明，碳水化合物攝入過量並且食物營養結構不平衡，是罹患糖尿病的重要原因。因此，日本人的飲食結構在近幾十年有明顯變化。

令人意想不到的是，從吃糙米改為吃精米，還有一個導致性能力弱化的原因 —— 精米比糙米柔軟。東京大學緒方知三郎教授歷時 30 年的研究發現，人的衰老和性欲的減退，同唾液腺激素分泌不足有直接關聯。實驗證明，注射唾液腺激素可以增強人的性欲，使皮膚光澤有彈性。也就是說，唾液腺激素可以使人年輕。吃柔軟的食物會導致唾液腺激素分泌減少，影響荷爾蒙的產生。緒方知三郎教授的研究具有里程碑意義。正如不少學者所指出的，日本人光研究「性技巧」，卻不深入研究影響性能力的最根本原因。

當然，也不能說日本人只關心「技巧」，不關心飲食。事實上，如何藉助飲食增強性能力，一直是日本人孜孜以求試圖

解決的問題。現在，日本一些藥舖有售「井守の黒焼き」，那是將雌性和雄性的蠑螈烤乾後研磨成粉的藥。蠑螈屬蜥蜴科，俗稱「四腳蛇」。蠑螈粉在江戶時代就已存在，具有壯陽功能。日本學者寺田廣彥曾經對蠑螈粉進行分析，證實其成分不僅有壯陽作用，而且對女性有催情作用。因此日本人很早就用來製成「媚藥」，暗中給女性服用以逞其奸。日本古籍《春情花朧夜》中就有關於「女亂香」、「蠑螈酒」的描述。

催情也好，壯陽也罷，說到底，影響和支配性欲的主要有兩方面因素，一是荷爾蒙，一是大腦中的下丘腦垂體性腺軸。人類性行為和性功能與下丘腦垂體性腺軸的正常運轉密切相關。兩者相輔相成，但歸根結底，物質是主要的。今天，鹿角能夠壯陽已成為常識，但日本獲取這個常識，主要歸功於西方人。江戶時代，最先將鹿茸作為壯陽藥引進日本的，是冒充荷蘭醫生進入日本的德國人菲力浦·弗朗茲·馮·西博爾德（Philipp Franz von Siebold，1796—1866 年）。為什麼要冒充荷蘭人？因為在江戶時代，日本幕府實行「鎖國政策」，西方國家中只同荷蘭人保持交流關係。順提一筆，西博爾德不僅在將西方文化引進日本方面貢獻卓著（日本長崎西博爾德大學，就因他而建），有關現代日本人的祖先源於何處的研究，也是由西博爾德在 1820 年代開創的。當時，像大拇指甲那樣的一片片鹿茸居然能夠壯陽，瞬時受到日本人歡迎，持續熱銷。因為，日本人也養鹿，可以就地取材。

日本人進而發現，麝香鹿的精囊所以能壯陽，是因為其濃

烈的芳香能刺激荷爾蒙的產生；而除了麝香鹿精囊，很多有濃烈芳香的植物也有這種功能。乳酪最初也因為有氣味而作為壯陽物被日本人食用。在日本曾流傳著一個故事，說是有一次南征北伐的拿破崙非常疲勞，累得眼睛都睜不開。這時，拿破崙的妻子約瑟芬將一塊乳酪放到他鼻子下。聞到乳酪的氣味後，拿破崙即刻精神振作。日本人普遍認為，外國人性欲旺盛，和他們體味重有直接關係。印度有一種植物叫「蛇木」，在印度有數千年歷史。四百多年前，一個叫奧爾菲亞的歐洲人將蛇木傳到了歐洲，發現能夠強精催情的蛇木，同時還可以消除疲勞。後來蛇木經歐洲人傳到日本，也被日本人主要用作壯陽。科學研究發現，蛇木中含有 reserpine 即利血平，可以降低血壓。高血壓影響性能力，因此降低血壓能增強性能力。

咖啡也是在江戶時代由西博爾德最先帶入日本的。有趣的是，咖啡最初也被日本人視為壯陽飲料。當然，從科學的角度分析，咖啡裏面富含興奮劑——咖啡因，能促進心臟血液循環，因而能夠催情。有關咖啡壯陽的記述，見載於很多日本書籍。

日本人總是試圖弄明白，為什麼西方人精力絕倫，性欲旺盛？他們首先想到的原因是飲食。當然，除了西方飲食，很多中國的食品或藥品也很受日本人關注和喜好。日語中有一個詞叫「肝腎要」，中文譯為「至關重要」。日本人之所以認為肝腎「至關重要」，就是因為肝腎和「命根子」有關。日本人認為，很多「漢方藥」能夠保肝，而肝臟同性欲有直接關係。例

如，日本人認為「當歸」有此名稱，就是因為能夠治療陽痿，從而「當」然能使因夫妻生活不和諧而想離丈夫而去的妻子「歸」來。

《金瓶梅》裏寫道：「風流茶說合，酒是色媒人。少頃吃得酒濃，不覺春心拱動。」所謂「酒色之徒」，就是因為自古以來酒色是天然「同盟軍」。日本人好酒好色，舉世聞名。眾所周知，酒會使人情緒亢奮，以致「亂性」。因為，酒可以消除煩惱，使人消除平日裏的壓抑和謹慎，進入自己想象的世界。荷爾蒙的分泌是影響性欲的重要原因，無論男女，而情緒是影響荷爾蒙分泌的重要因素。統計顯示，日本男人一般都只能持續 3—5 分鐘，遠比日本女性需要的時間短。飲酒能夠使男人延時，是日本人喜歡飲酒的原因之一。日本有一種酒叫「閨房酒」。這種酒不僅有芬芳的氣味和桃色、墨綠、金黃等各種顏色，而且含有蛋氨酸和膽鹼等保肝護肝物質，能夠使男性延長做愛時間。日本女性難以獲得性滿足的比例很高有許多方面的原因，但是營養和食物的原因導致男性充其量只能使自己滿足，而不能使對方滿足，是重要原因。不過，日本人平時愛喝清酒。清酒主要是用米釀造的，從長遠說也可能導致慢性「大米中毒」。

日本的酒文化非常發達，甚至在日本的「演歌」中，「酒」也是關鍵詞。日本釀酒的歷史非常悠久。古時候，日本釀酒工都是女性，特別是處女。室町時代即 14 世紀以後改為男性。江戶時代，幕府強調男尊女卑，女性釀酒一度屬非法行為。

不僅釀酒者有嚴格的性別規定，而且釀出的酒也有「性別」。用硬水釀出的酒經過發酵，有淳樸自然的味道，被稱為「男酒」。用軟水釀製的酒，味道柔潤，清香可口，被稱為「女酒」。這種思路是「男為陽剛，女為陰柔」傳統觀念在酒文化中的延伸，並使酒文化和社會文化融為一體。

「閨房」就是臥室

　　1920 年即大正時代，日本進行了第一次「國勢調查」（類似於中國的「人口普查」）。在「從事何種職業」一欄，九州地區不少人寫的是「芋莖製造」。這令統計當局相當為難：「芋莖」是什麼玩意兒？應該屬製造業中的哪一類？無奈只能派人前往當地進行調查瞭解。聽說這一情況後，一位非常著名的小說家邀請了東京大學包括一位社會學權威在內的幾位教授聚會，問他們：「你們知道芋莖是什麼嗎？」回答都說不知道。社會學教授居然連這都不知道，成為當時的笑談。實際上，所謂「芋莖」，就是拙著第二章第三節中寫到的「閨房中的秘密武器」──自慰器。

　　「閨房」，在中文裏是指未婚女子比較私密的起居房間。但和中文同樣的這兩個漢字，日文的釋義卻和中國的釋義不同。《廣辭苑》對「閨房」的釋義是：一、臥室；二、女人的房間。其他辭典也均作此解釋。也就是說，日本的「閨房」是指非公共和職場活動的私人生活空間，是「家」最基本的構成部分和休憩場所，夫妻「經營婚姻」的重要場所，直白地說，就是過夫妻生活的場所。以前日本關東關西地區的「閨房」風

俗不同。京都大阪地區即關西地區，夫妻睡同一被窩，而關東地區的風俗則是各睡各的被窩。這種風俗的產生和武士興起於關東地區、鎌倉和江戶幕府都在關東有關。很多武士的妻子在為丈夫鋪好被子並服侍丈夫就寢後，回自己房間，或者在丈夫旁邊就寢。

日文「床」這個漢字和中文的「床」也不同。日文中的「床」譯成中文是「地板」。日本有幾個和「床」有關的名詞，如「床運動」、「萬年床」。「床運動」譯成中文是「自由體操」——自由體操可不就是地板上的運動？日本式房間沒有「寢台」（等於中文的「床」），而是直接將被褥鋪在地板上睡覺，也就是說，同一個房間，白天是起居室，晚上是寢室。然而，傳統的日本式住所也有「寢所」，那是間比較幽暗的「密室」，也稱「閨房」，房間裏有「萬年床」。所謂「萬年床」，就是白天不將鋪在「榻榻米」上的被子和褥子收進壁櫥，而是照樣擺放的鋪蓋。

江戶時代，一些大戶人家的女兒出嫁時，她的奶媽會在她的嫁妝中放進幾本書，其中有一本叫《女閨訓》。這是一本性教育書，主要內容有「閨房謹慎之事」和「朝夕心得」。「閨房謹慎之事」主要強調情色不濃則感情淡，感情淡則夫妻不睦，最終導致家庭解體，故情色須充分濃烈；同時也不可失禮，要盡情，但不可舉止失當，閨中也要尊重賢良淑德，不可有猥褻之舉；女人出嫁後，初時得到寵愛，之後遭遇冷漠，皆因閨中失去淑德；做愛終了必須離開寢床，否則夫君必然日漸

歌川國貞 繪

歌川國貞 繪

歌川國芳 繪

歌川國芳 繪

冷淡；入閨房之後，即便時過幾年，也要像最初的時候那樣顯得害羞，否則會無異於妾，討夫君之嫌；即便身份卑微的婢女，若守閨房之淑德，也能宛如正妻。「朝夕心得」主要強調不可讓夫君看到寢姿，因此須早早起床化妝，讓夫君看到一張漂亮的臉；夫君看到妻子莞爾動人之臉，可免一日之災。所以，在明治維新之前，日本女人裸露身體不以為意，特別在洗澡時面對一眾男人也赤身裸體。但是若睡姿不雅被人看到，則如其他國家的女人裸睡被人看到一樣，相當丟臉。尤其對上流社會的女性，要求更加嚴格。因此，女人的睡姿必須是雙腿並攏，曲側身體，這樣方顯得身姿優雅。杉本悅子談及她出身武士家庭的教養時這樣寫道：「自記事時起，我晚上總是頭枕在小小的木枕上，注意不發出聲音……武士的女兒從小接受的教育是，即使在睡覺時也要控制好自己的意識和身體。男孩子可以四仰八叉，睡得像個『大』字，而女孩子的睡姿則必須優雅地彎曲身體，睡得像個『き』字，這意味著『控制意識』」。[1]另外，對女孩子來説，基本原則是不可顯得成熟老練，要使對方認為「我是你唯一的男人」。閨房中是一對一，做的是「房事」，因此要儘量使對方看到平日看不到的自己，要有作為閨房風俗的「嬌聲癡語」，要顯示出自然本能。

當然，「閨房秘技」的掌握並非一定通過書本，而是有幾個途徑。一是丈夫學習後指導妻子。男人對這方面知識的學習

---

[1] Sugimoto, Etsu Inagaki, *A Daughter of the Samurai*. Doubleday Page and Company, 1926, pp.15, 24.

大都來自「遊廓」（妓院），「遊女」（妓女）是他們的「啟蒙老師」。二是通過「艷本」，如包括「閨房秘技」、「房事做法」的《色道指南》。三是新娘母親悄悄放入陪嫁的箱子、作為「嫁妝七道具」之一的「性教科書」。江戶時代的1849年出版的《色道禁秘抄》堪稱集「色道」之大成的書，而其中略顯不足的內容，《色道大鏡》給予了補充，如俗稱「四十八手」的技巧。

閨房中的事，說到底就是「秘戲技巧」即做愛技巧。中國古代有專門為王公貴族服務、傳授「不老回春術」的房術家，他們撰寫了一些論著，如《素女經》、《洞玄子》等。這些論著有的在中國已難覓蹤跡，但有些傳到日本卻得以保留。日本人對其進行修改和編纂，使之成為「日本貨」後，回傳中國，一變而為「出口轉內銷」。例如，西元982年問世、由丹波康賴編纂的《醫心方》30卷，就摘錄了上述中國性學論著中的一些內容。之後，中國學者葉德輝又從《醫心方》中摘錄一些內容，編入《雙梅景暗叢書》。

日本人獨創的「性學教科書」也很多，如《黃素妙論》、《色道大鏡》、《枕文庫》等。尤其值得一提的是18世紀50年代或60年代問世的《女大樂寶開》。該書論述了女性的體型、相貌、肢體以及五官，並分為上品、中品、下品。那麼，什麼樣的女人屬「上品」呢？中國有所謂「環肥燕瘦」，即唐代欣賞楊貴妃式的豐滿型美女，漢代則欣賞以趙飛燕為代表的纖瘦型美女。日本的「美女」也因時代而異。但總體而言，日本從學習中國轉向學習歐美，而審美標準卻經歷了對豐滿型美女的

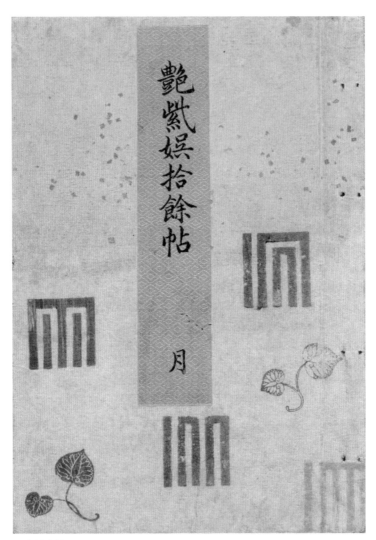

艷些娛拾餘帖

月

日本艷本封面

背離和回歸。

　　奈良時代，日本各方面都受到唐風影響，審美標準也概莫例外。當時的美人都是豐滿型的，根據當時留下的圖畫上的美女可以看到的，所謂美女都是圓臉和豐乳肥臀，顏面帶有紅色。如《萬葉集》裏的詩歌形容的，「顏面如丹」。所以，當時的女性喜歡用稱為「赤土」的化妝品。平安時代依然欣賞「豐潤美」，無論是《源氏物語》、《榮花物語》，還是《紫式部日記》，對此都有詳盡描述。但和奈良時代不同，平安時代不再以「人面桃花相映紅」為美，而是欣賞「顏面似雪」。《萬葉集》裏形容美女「顏面如丹」的詩句不復存在，取而代之的是「白而艷」、「白而清」。崛川天皇的御用畫師藤原隆能畫的《源氏物語畫卷》裏都是此類美女。鐮倉、室町到江戶時代初期，依然欣賞豐腴圓臉的女人。但是，進入江戶時代中期以後，逐漸以瓜子臉、細長眼、柳葉眉、纖瘦腰為美。鈴木春信、喜多川歌麿等人描繪的美女，都是這種類型。明治時代以

月崗雪鼎 繪

後，在歐美文化影響下，又重新以豐腴為美。按照田中香涯的說法，「美人的標準類型重新復歸王朝時代」。

江戶時代對各種職業、身份的人的住宅規模和樣式有明確規定，但是對閨房沒有特別規定。「婚前檢查」、「試婚」、介紹人夫婦對準新娘新郎「言傳身教」，都在「閨房」進行。身份卑微的男女也有面積不大的閨房，一般都在房屋的盡頭，只是做愛時用。平時就在起居室的榻榻米上「打地鋪」睡。但日本是個島國，沿岸的居民很多以捕魚為生。漁村的青壯年男人出海捕魚有時長達數十天才能回家。女人的生理需求如何滿足？於是，便形成了一些特殊的風俗。

日本西部有個海島，島上居民主要靠漁業討生活，雖然經濟上比較富足，但是土地狹窄，人口較少，交通也相當不便。如果要外出，只能靠每週一次的定期航班，如果遇上風急浪高的天氣，連這一個航班都無法通航。因此，島上居民對外部世界充滿好奇，對外來的客人非常熱情。有一次，一個商人來到了島上。上岸以後，他向一個年輕婦女打聽：「什麼地方可以住宿？」這位年輕婦女熱情地對他說：「要住宿啊，我帶你去」。然後將他帶到了一戶人家的家裏。女主人非常熱情地對他說，「我馬上去通知大家，您來了，讓大家到這裏集中，請稍待一會兒。」商人說，自己只是想來做生意的，不是什麼了不起的人物，千萬別那麼客氣。但女主人堅持要這麼做，攔都攔不住。鄉親們來了以後，他介紹了一通自己的商品，鄉親們聽完都紛紛散了。到了晚上，女主人將他領到屋子盡頭的一間

屋子，那裏墊子和被子都已經鋪好了。女主人對他說：「在這裏好好待幾天」，然後囑咐跟著他的一個年輕婦女，讓她留下來好好陪伴這位商人。並對商人說：「她一直陪著你，你讓她幹什麼都行。」說完離開了屋子。商人做夢也沒想到，居然會得到如此熱情招待。接下來發生的事不可描述。「窺斑見豹」，對男人額外熱情的，不僅是那個島，其他有些海島同樣如此。男人出海捕魚長期在外，留下的女人倍感寂寞，偶爾有男人登島，都爭先恐後迎接。對客人生拉硬拽實在不雅。怎麼辦？經過商量，她們想出了一個辦法：每人拿一雙草鞋排在船靠岸的地方，客人穿哪個女人的草鞋，就上哪個女人那裏過夜。

日語中有一個詞叫「長者」。中國的「富豪榜」，日語叫「長者番付」。也就是說，「長者」的意思不是「年長者」，而是「富豪」。過去日本交通不便，旅舍簡陋，當時官員和武將出行，中途大都下榻於「長者」府邸。他們得到怎樣的招待呢？據《笈埃隨筆》記載，為了慰勞旅客，主人會設宴款待，有女性作陪。客人如果是貴族公子，還會選有才的女子表演歌舞，吟誦和歌。有時，「長者」為了顯示最大的誠意和敬意，還會讓自己的妻子或女兒作陪。而他的妻子和女兒則會利用這個機會盡情享樂。因為，住在鄉村的女人，能和來自都市的男人交談，能在晚上有「枕席子伽」，陪客人過夜，不啻是一件樂事。後來，隨著時間的推移，長者專門僱用女的待在家裏，接待在他家裏下榻的官員。久而久之，「長者」成了從事性服務的職業女性的一種稱呼。

（四）

夫妻也要「來往」

1997 年 1 月至 3 月，日本富士電視台曾經熱播過一部由木村達昭、光野道夫導演，著名演員和久井映見、武田鐵矢、反町隆史主演的電視劇，叫《處女之路》。故事的梗概是：女主角櫻井和美從小失去母親，由父親撫養長大。後來櫻井和美出國留學，在得知父親病危的消息後匆忙回國，在飛機上與一位叫吉見熏的英俊男子萍水相逢。為了讓父親高興，櫻井和美讓吉見熏假扮她未婚夫。回家後和美發現，父親根本沒病，他只是希望見到女兒而假裝生病，而櫻井和美同吉見熏卻真的產生了情愫。穿著白紗婚禮服走過紅地毯，是許多女孩的夢想。但那一刻也是父親最喜悅和最傷感的時刻……

那條紅地毯就是「處女之路」（Virgin Road）。在西式婚禮也相當流行的中國，但凡參加過婚禮的人一定對這個場景不陌生，這也是婚禮的固定程式：在瓦格納的《婚禮進行曲》的旋律聲中，新娘挽著父親的手臂走過紅地毯，然後新娘父親將女兒交給新郎。這個儀式的寓意非常清楚：我將處女交給你。

在原始亂婚階段，日本人和世界上別的民族一樣，任何男人可以和任何女人發生關係，根本沒有「處女」和「初夜」的

概念。這種概念是怎麼形成的，有幾種說法。一種說法是，一夫一妻制形成後，男人失去了可以成為任何女人「第一個男人」的特權。未婚的女人保持貞操，是對男人的一種「補償」。第二種說法是，因為初夜的血含有毒素，讓有權勢的人行使初夜權是為了消除毒素，保護年輕人。第三種說法是，與新收割的稻子要首先奉獻給神和有權勢地位者嚐鮮一樣，處女也要首先奉獻給有權勢的人「嚐鮮」。

許多國家和民族對「處女」的認識和觀念，存在極大差異。例如在古代羅馬，服務於多神教的聖女必須是處女。因為按照當地人的觀念，處女的體內蘊含著神聖的力量，一旦不是處女，這種力量就會消失。今天，天主教的修女必須「絕財」、「絕色」、「絕意」，當然也必須是處女。從古至今，中國男人多數有「處女情結」，但沒有任何宗教含義。日本雖然和中國一樣，也屬「儒教文化圈」，但江戶時代的日本人有關「處女」的概念卻同中國人截然相反。

在日本江戶時代，女孩子在出嫁前，首先要「破處」，因為那樣才能成為一個真正成熟的女人。根據日本一些地方的資料，如果女孩子在婚前沒有被「破處」，是一件有損臉面的事。為了女兒的臉面，父親會四處請求小夥子來自己家裏過一夜。一般來說，這種「美事」當然會有小夥子樂意幫忙，除非他女兒長得奇醜無比。到這一天，受到邀請的小夥子會邀集幾個小伙伴前往女孩子家，大聲宣佈登門所為何事，然後在獲得女孩父親裝模作樣的「同意」後，進入女孩閨房過夜。行完

「破處之禮」後的一段日子，女孩會與村裏多名男子發生性關係，直到充分「成熟」才順利出嫁。福岡藩的史料就有這方面記載。當時的日本都市，貴族女性和庶民女性並非都尊重這種風俗，但也絕對不把「初夜」當回事。

要說出嫁，日本的「奇風異俗」相當「雷人」。「嫁」這個概念，日文10世紀以前只寫假名「ヨメ」，譯成中文是「媳婦」，沒有漢字。根據日本最初的漢和詞典、10世紀30年代由源順編纂的《和名類聚抄》記述，日本人根據中國最早的字典《爾雅》，將ヨメ的漢字寫作「婦」或「嫂」。在「和漢混淆」文字記述方式不斷發展後，在12世紀初編纂的《色葉字類抄》裏，「嫁」成為「ヨメ」的漢字表述，意為女性離開哺育她成長的父母，成為別人家的成員。一個「女」和一個「家」即顯示了表意文字的特點。也就是說，「嫁」的釋義，第一是「成為媳婦」，第二是「出家」，即離開父母家前往婆家。但「出家」是離家當和尚，所以只能寫作「出嫁」。

中國有所謂「父母之命，媒妁之言」的說法，男女結成「秦晉之好」，都有媒人說合，但根據1926年出版的《明治秘話》，日本很多媒人不是女的，而是男的，不是「媒婆」，而是「媒公」，不僅負責牽綫搭橋，而且負責身體檢查乃至「傳道授業」。在介紹男女雙方認識之前，先要面見打算出嫁的女孩，進行包括身材（肉體）在內的檢查，而後進行所謂「足入」，即與之發生性關係，如果合格，則收取佣金。如果不合格，則向女方支付一定費用。所以這麼做，與當地的一個傳說

有關。傳說當地有個女孩長得非常漂亮，但不幸的是，她生下來私處就長著「牙齒」，結了幾次婚，每次都把新郎嚇跑。其他男青年知道這個女孩一直離婚的原因後，自然沒人敢娶。這個漂亮女孩只能寂寞度日，內心非常苦惱。某日，一個小夥路過那裏，聽説了這個女孩的故事後表示願意娶她。女孩聽説後非常高興。新婚當晚，不僅這個小夥沒有逃跑，而且女孩私處的「牙齒」全都崩掉了。從此以後，這個女孩過上了幸福的生活。原來，這個男人是金勢大明神的化身。「媒公」進行「檢查」，就是為了檢查女孩不該長牙齒的地方，是否長著「牙齒」。

在日本東北地區還有一種奇異的風俗，男女雙方一旦決定結婚，在舉行婚禮前介紹人即前往女家將準新娘「借」到自己家裏待三天。在這三天時間裏，準新娘要學做家務。在自己家裏也可以做家務，為什麼要到介紹人家裏學呢？實際上，學做家務只是幌子，要學的是父母無法教授的如何做新娘。怎麼教？就是讓新娘和介紹人夫妻睡在一起進行「實踐」——教新娘如何做愛。也有介紹人夫妻對新郎新娘分別進行「新婚教育」的——丈夫教新娘，妻子教新郎。也就是説，「媒公」義不容辭地享有新娘的初夜權。

日語中有一個詞叫「夜這」。「這」在日語中的釋義是「爬行」，「夜這」就是「晚上爬行」。近些年，日本拍了好幾部有關「夜這」的電影。例如，2006 年和 2010 年，日本先後上映了由長谷川九仁廣導演的《夜這》、《夜這屋本舖——日本猥

談列島》，等等。

「夜這」讀よばい，原義是「呼叫」，即男人造訪心儀的女人時，告知女人自己叫什麼名字，是幹什麼的，屬於求婚的一種方式。「呼叫」就是女人將男人「呼叫」過去，意味女人接納這個男人，但是後來卻演變成男人悄悄地到女人的住所去。江戶時代的《好色女枕》，「夜這」也寫作「密這」，就是證明。

日語中還有一個詞叫「錦木」，在平安時代以後的和歌中頻繁出現。所謂「錦木」就是彩色的木，最初是日本東北農村地區男人向女人求愛的習俗。具體做法是，男人在心儀的女人門口掛一條約一尺長的彩色木片，女人如果不排斥這個男人，就將這個木片收起，男人晚上就可以「爬」到她家去了。也有男人對心儀的女人一往情深，一次遭拒並不氣餒，直到掛了千個木片，最終令女方感動而接納。也就是求愛 3 年，「鐵樹開花」。晚上「爬行」是日本古已有之並延續至今的一種獨特「風情」。在日本伊豆半島，將出入女孩子房間的男青年稱作「夜這い」。在那裏，這不是什麼偷偷摸摸的行為，而是在正式結婚之前，男女雙方相處的一種生活方式。在能登半島，女人依然住在自己家裏勞作，男人晚上造訪她，早上離開。進出女人房間的門就叫「夜這い口」。「夜這い」不是「私通」，而是不向社會公開，僅是正式結婚以前的一種交往方式。

日本民俗學家赤松啟介曾在日本關西地區的京都、大阪、兵庫等地進行了長達 10 年的調查，發現日本農村非常流行「夜這」。「夜這」在日本農民中是無需隱瞞的「社交活動」。

由於「夜這」盛行，很多女孩未滿 20 歲就成了「未婚媽媽」。由於人就是生產力，生孩子就是創造勞動力，因此「夜這」被視為既有利於身心健康，又有利於生產發展的好事，歷久不衰。作為男方向女方求愛方式的「夜這」，迄今依然留存，但大都屬「試婚」而避人耳目。

中國自古就有男人納妾的制度，日本也有。但是，日本的「妾」和中國的「妾」涵義有極大差異。中國人納妾基本屬「制度」，而日本人納妾則基本屬「風俗」範疇。例如，直到現代，日本的「やくざ」（黑社會）的男人沒有老婆，但未必沒有女人，那女人就叫「妾」。

奈良時代之前，日本男人有「前妻」和「後妻」。所謂「前妻」不是已經去世或已經離婚的妻子，而是先娶的妻子叫「前妻」，後娶的妻子叫「後妻」，兩者沒有地位高下之分。妻子有身份差別的制度性規定，始於元正天皇在位的養老二年，即 718 年頒佈的《養老律令》。根據這一律令，妻子稱「本妻」和「次妻」，遺產繼承的順序依次是嫡子、正妻、庶子、次妻。進入以 1467 年「應仁之亂」為開端的戰國時代後，本妻、次妻的稱呼不復存在。公卿等貴族的正妻稱「北之方」或「北之台」，側室則稱「妾」。不僅稱呼發生變化，而且妾的地位也顯著下降。這時候的妾，很多都是通過契約入門的，甚至有的無異於出賣色相的「商品」。因為在戰國亂世，有些女人迫於生計只能尋求強者庇護。這種妾稱為御摩、御撫、二瀨、二仕等，表面上是女僕，實際就是妾。到了江戶時代，一些大

名為了血脈繁衍、人丁興旺，紛紛蓄妾。平民百姓特別是有錢的商人，也紛紛納妾，但是，他們不敢以此公開顯示和武士階層地位上的平等。為了避人耳目，他們的「妾」一般叫「囲い者」、意思是不和丈夫住在一起、沒有合法身份的「妻子」。這種情況在今天的日本依然存在。例如，日本電視不止一次公開報道，某著名藝人去世，除了「內妻」，「外妻」也參加追悼會。過去，這種不和「丈夫」住在一起的「外妻」也叫「日蔭者」，其含義就是「不能公開露面的女人」。

過去，日本的寺廟裏有「針妙」。按照《柳婷記》的解釋，「妙即少女的意思。因為在廟裏是做針綫活的，所以稱妙女」。按會意文字的字面解，所謂「妙」就是「少女」。「妙」就是生活在廟裏的「妾」。還有如「陰妻」，按《廣辭苑》的釋義即「藏起來的妻子、妾」。而「手懸女」的釋義，《廣辭苑》僅一個字：妾。

舊時日本還有不少屬行走中的妾。一種叫「通う妾」，「通う」就是「來往」的意思，就是女方來往於丈夫的家。一種叫「待愛妾」，就是在規定的日子、在自己家或其他場所等待丈夫。一種叫「呼出妾」，就是在指定場所讓女方過來。一種叫「移動妾」，就是女的前往單身男人的宿舍，和男人同居幾天。還有一種叫「梅雨妾」，就是梅雨季節因夫婦都無法幹活，男人會讓自己的妻子暫時到有錢人家裏為「妾」。宮武外骨撰寫、1931 年大阪出版社出版的《自家性的犧牲史》，有這種「梅雨妾」的詳細描述。又有「年極妾」、「月極妾」，就是以

年或月為單位的「妾」。在日本鳥取縣，有「二部妾」，即同時是兩個男人的妾。這種女人有時也被戲稱為「共同便所」，即「公共廁所」。

第三章

不同等級的「風情」

「大奧」充滿「風流」

　　1714 年，日本正德五年。「正德」典出中國古籍《尚書》「正德厚生」一句，按照《中庸》的詮釋，「正德」，就是盡人之性，以正人德；盡物之性，以正物德。但是，就在這一年，江戶城發生了一起同人性和人德密切相關的艷情事件，史稱「繪島生島事件」或「大奧整肅事件」。從事件名稱，我們當不難感覺這一事件對日本幕府產生的影響。

　　事件發生在充滿神秘的幕府將軍的後宮 —— 大奧。大奧女官除非父母病危，平時不得出城。但有一點例外，就是御台所讓貼身侍女代表自己前往寺廟神社祭祀參拜時，可以出城。那天，幕府第七代將軍德川家繼的生母月光院，讓她的貼身侍女繪島作為自己的代表，前往淨土宗總本山之一的增上寺參謁。德川家信仰淨土宗，增上寺有第二代將軍德川秀忠、第六代將軍德川家宣的墓所，後來第七代將軍德川家繼的墓所也在增上寺。在回江戶城的路上，繪島在江戶「山村座」逗留看戲，和歌舞伎男演員生島新五郎一見鍾情。但是，大奧像她這樣級別的女人是無法自由外出的，生島新五郎又進不來，怎麼辦？繪島讓她身邊的「腰元」（婢女）帶信給生島新五郎，讓

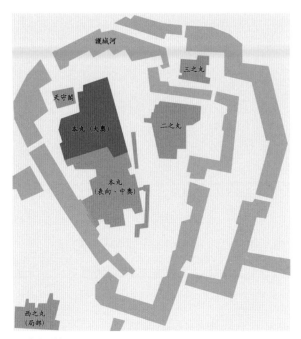

護城河

三之丸

天守閣

本丸（大奧）

二之丸

本丸
（表向、中奧）

西之丸
（局部）

江戶城區域圖

江戶城復原圖

他藏在裝有送往大奧的點心的籠子裏。但是，如此冒險實在堪稱膽大妄為，姦情即刻暴露。繪島和生島即被判處死刑。但是，因月光院求情，繪島被改判為流放至信州高遠藩，生島新五郎則被流放到三宅島。山村座的座長山村長太夫被勒令不得組織演出，山村座宣告解體。受此案牽連，約 1500 人遭到各種處罰。

1803 年，日本享和三年，大奧又發生了一起艷情事件 —— 延命院事件。延命院是座寺院，住持日潤 40 歲，據說有著可以和歌舞伎當紅男演員媲美的長相，很受女性傾慕。但日潤是個花和尚，常以傳授「蓮華往生秘法」的名義，誘姦各種女人。代主人前往延命院祭祀參拜的女官，有多人被勾引。這些女官平時身居大奧，見日潤授法，春心萌動，半推半就，不時「雙修」。雖然事情都在延命院密室中進行，但因為女官之間爭風吃醋，結果消息傳到了幕府負責寺社事物的「寺社奉行」脅阪安董耳朵裏。脅阪安董很為難：前往延命院的女人沒有一個是他惹得起的。怎麼辦？他決定首先必須掌握確鑿證據，將此案辦成鐵案。不久，他獲得了手下一個旗本的妹妹幫他獲取的寺院密室圖，瞭解到了日潤誘姦女信徒的場所以及大奧女官寫給日潤的情書。按日潤的說法，寫給他的書信言辭越露骨，修煉效果越好，因此那些情書字裏行間充滿了濃情烈焰。證據確鑿，脅阪安董當即派人將日潤逮捕。但是脅阪安董不敢深查，擔心要是牽連到他得罪不起的大人，可能被扣上「謀反」的帽子，性命難保。於是，他決定僅判延命院住持日

潤死罪，涉案的女官則僅予以解僱處分。

上述兩起事件看似偶然，實則蘊含著必然。在大奧，那些女官除了將軍幾乎見不到男人，生活受到嚴格限制。但這怎麼可能抑制住她們的本能？《牡丹亭》中的杜麗娘走進後花園，見到柳枝搖曳鮮花盛開，尚且感嘆「原來姹紫嫣紅開遍」，何況大奧中的女官看到的是活生生並對她們「有情有義」的男人。儘管第二代將軍德川秀忠制定、第四代將軍德川家綱、第八代將軍德川吉宗兩次修訂的《大奧法度》規矩嚴格，違規者必遭嚴懲，但終究是「滿園春色關不住，一枝紅杏出牆來」。

那麼，神秘的大奧中究竟有哪些「春色」呢？瞭解大奧的春色，得從江戶說起。江戶最初是個雜草叢生的海邊鄉村。12世紀初，一個叫秩父重繼的有錢人在那裏建了居館。由於居館建在今天東京千代田區麴町台地即東京灣的入江（海）口、故名「江戶」。隨著歲月磨洗，館已不復存在。1456年，武士太田道灌在遺址上建城，規模很小。1590年，豐臣秀吉將江戶分給德川家康，作為他的領地。同年，德川家康著手築城並進行「町割」——將江戶城劃分為武家地、寺社地、町人地等不同區域。1601年底，一場大火將江戶城焚毀。1603年，德川家康建立幕府，天皇下達宣旨，賜封他為「征夷大將軍」。之後，他以「天下普請」（「請」意為「承包」），即命令各路諸侯分別承擔建設江戶城的方式，對江戶城進行大規模改建，最終使江戶和京都、大阪一起，被並稱為「三都」。

日本的城池，根據領主級別而規模不等，大多由二丸、本

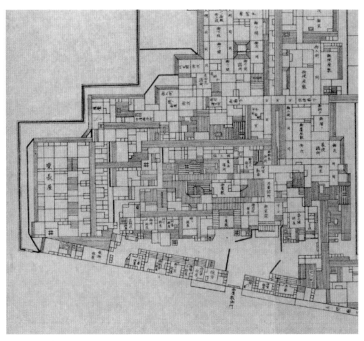

江戶城大奧（局部圖）

丸、天守閣構成。將軍居住的江戶城規模當然最大，由本丸、二丸、三丸、西丸等構成。本丸包括御殿和天守閣。御殿分為「表向」、「中奧」、「大奧」三個區域。（「奧」在日語中意為「最內側部分」）。大奧共有約 200 間房，不同時期，生活在其中的人數不等，最多時有約 3000 人。所有女官進入大奧前，需提交「血誓」──按有血指印的誓書，發誓不洩露在大奧中的任何見聞。廣義上說，大奧中所有女人都是將軍的「侍女」，但狹義的「女中」分為三類或三個等級，第一類能見將軍，第二類不能見將軍，第三類是女官私人僱用的侍女。

大奧內有御殿、廣敷、長局三個與將軍性生活密切相關的區域。御殿中有將軍的臥室和「御台所」（將軍正妻）的臥室「新御殿」。廣敷是大奧「台所役人」即男性工作人員的工作區域。廣敷和御殿之間有個出入口，叫「御廣敷御錠口」。陪伴將軍的「小姓」在進入「御鈴廊」時止步，由迎候將軍的「御坊主」（剃了頭髮的侍女）把將軍迎入。當將軍走過「御鈴廊」後，「御坊主」會搖響「御鈴廊」中的銅製「御鈴」，宣告將軍駕到。長局是女官、侍女的生活場所。侍女稱「局」。最多時，大奧有「局」上千人。

大奧「御寢所」制度是仿效中國後宮制度建立的。將軍留宿大奧稱「奧泊」。蒙召侍寢的無論是正室（御台所）還是側室（御中﨟），均被事先告知。如果侍寢的是「御台所」，她會在「御小座敷」恭候將軍，身邊的女官在旁伺候，陪她聊天，有時也陪她喝酒。待將軍駕到後則服侍將軍夫婦更衣，而後退出並到隔壁房間，隨時聽候差遣。不過，侍寢的多是側室，很少是正室。因為直到現代，日本高層都實行政治聯姻。「御台所」都從「五攝家」即有資格擔任「攝政」的五大姓和皇室中挑選。「五攝家」是近衛、一條、二條、九條、鷹司五個大戶人家。如果「御台所」生下兒子，最有可能成為將軍繼嗣者，那樣幕府就有被操控之虞。同時，成為「御台所」是因為家世而非因為貌美，而且教養極嚴，言行謹慎，和年輕漂亮且相對放浪的側室和侍女相比，當然難以獲取將軍喜歡。因此，「御台所」到 30 歲，會以各種理由要求「お床御免」即不

再侍寢，並成為慣例。整個江戶時代，除了第二代將軍德川秀忠和正室、織田信長的外甥女阿江生有 2 子 5 女（長子就是幕府第三代將軍德川家光），其他「御台所」都沒有生孩子。阿江來頭很大，父親是大名淺井長政，母親是織田信長的妹妹織田市。德川家康是織田信長手下六大軍團之一東海道軍團的首領，德川秀忠豈敢怠慢讓她守活寡？不過，「御台所」有一項特權，即將軍去世後，可以繼續留在大奧。而其他「御伽」也叫「御中臘」，即側室，除了繼任將軍的母親，均必須落飾出家離開大奧，終生為逝去的將軍祈禱冥福。

幕府將軍的「御中臘」人數不等，如第 11 代將軍德川家齊有妻妾 16 人，生了 56 個子女，有 24 個貼身侍女服侍。如果哪個「御中臘」（側室）被選中侍寢，會事先接到通知，然後有「工作人員」幫她做各種準備。工作人員首先幫她沐浴洗頭，然後用布將她身體裹住，帶到第二間屋子，將她頭髮稍稍梳理一下並紮好。這麼做與其說是為了讓她乾乾淨淨去見將軍，毋寧說是排除她加害將軍的危險。因為，經過這種安全檢查，這個「御伽」不可能持有兇器，無法加害將軍。然後，再由侍女用「風呂敷」（浴巾）將她身體裹住，背到另一間房間，交給「御寢所」的侍女。

在「御寢所」的同一房間，有兩個女官，一個叫「御清」，又叫「御添寢役」，也是被將軍寵幸過的，背對將軍躺下。另一個是年過 5 旬的女人，叫「御裃坊主」，背向侍寢的「御伽」躺下。「御添寢役」徹夜負責觀察將軍和「御伽」的情況，然

後無有遺漏地做好記錄，第二天早晨向她的上司「老女方」（侍女長）彙報。「御袈坊主」則檢查記錄是否正確。這些記錄都作為檔案保存，目的是如果日後「御中臈」懷孕，可以根據記錄判斷是否確係將軍的「種」。侍寢有一項明確規定，即不管如何獲將軍寵愛，都不可同將軍談論有關政治方面的話題。

「御添寢役」不等於「御中臈」（側室），怎麼也被將軍寵幸過？因為，將軍如果看中了哪個侍女，會問「老女方」：「那個女孩叫什麼名字？」只需這麼一問，「老女方」即心領神會，她會即刻告知那位侍女，將軍有意寵幸她。如果將軍看中的是「御台所」身邊的侍女，則由將軍身邊的「老女方」和「御台所」身邊的「老女方」溝通，然後告知將軍看中的那個女官。之後，這個女官無論居室還是其他待遇，即按照「御部屋樣」（比御中臈低一等的側室）的待遇升格。一般極少有女官表示不願意。如果拒絕，則將被逐出大奧。

那麼，沒有機會獲得將軍寵幸的女官等怎麼辦呢？為了解決本能的生理問題，有些女官會使用「張形」（自慰工具）。江戶時代初期出版的《艷色色時雨》、《好色旅枕》中，有對「張形」的名稱和用法的詳細記載。大奧中的女人多數使用的「張形」是「肥後芋莖」。肥後國相當於今天的熊本縣，「肥後芋」即蓮芋（又稱白芋），那莖部小而堅硬，不能食用。按照《廣辭苑》的釋義，「曬乾後用作淫具」。有學者認為，原先產於九州熊本的「肥後芋莖」，是由跟隨大名「參觀交代」的女人帶入大奧的，真相如何尚待確證，但在一些大奧女性的閨房

裏，確實發現過「秘藏」著這種「張形」。

　　大奧中還有一種檢查女性是否「檢點」的方式，即每年正月舉行「新參舞」。起舞時，所有女性都只繫一條比女相撲手還「暴露」的「湯文字」，按照規定動作舉手投足，不能説笑，更不能有任何淫邪的言行。為什麼要舉行「新參舞」？因為以前曾發生過一件事：身上有刺青的年輕女性被招進了大奧。良家女子身上絕不會有刺青，沒準那女孩曾經當過娼妓。於是，大奧決定在正式錄用前進行嚴格的身體檢查。但是，讓年輕女子赤身裸體進行檢查，實在令人難堪，於是便想出了這麼個辦法，並成為慣例。

　　1868 年 4 月，隨著將軍「大政奉還」，江戶幕府謝幕，《大奧法度》廢止，大奧也逐漸壽終正寢。

「風呂」亦有「風情」

「風呂」譯為中文即「沐浴」、「澡堂」。日本的「沐浴文化」有著獨步於世的風情。

日本人獨特的沐浴風俗，源於佛教以熱水清潔佛像的「浴佛」。浴佛是為了提醒人們要時刻保有清淨心。歷史上，日本佛教有「溫室教」，就是僧人在禮佛前先由住持入浴，後由眾僧入浴。日本一些寺院的本堂旁邊建有「浴堂院」，其住持稱「湯維那」。以後「湯女」的名稱即由此而來（這兩個日語單詞的讀音相似）。寺院還舉行「施風呂」供庶民洗澡，作為佛教救濟事業的一部分。所謂「施」就是「佈施」。

在日本，常年流傳著光明皇后請 1000 人沐浴的「千人風呂」故事，說的是在奈良時代的 750 年，光明皇后因篤信佛教而變身為佛，身體放射光明。她擔憂時日長久光明可能會消失，立誓要洗淨 1000 人的污垢，使他們感念於佛的慈悲。那天，人們陸續進入「浴堂院」清洗污垢。在 999 人入浴完畢時，忽然來了個骯髒不堪，全身膿腫的人。這個男人也想入浴，但他祈求在入浴前，先讓侍奉在光明皇后身邊的宮女將他身上的膿血吸掉。宮女聽他這麼說，都嚇得瞠目結舌，紛紛退

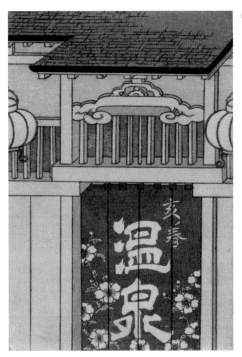

《溫泉》（局部）歌川國貞 繪

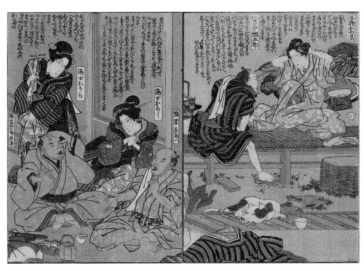

《逢悦彌誠》中的湯女 歌川國芳 繪

縮。這時，只見光明皇后走上前去，親自用嘴吸去了這個男子身上的膿血。然後這個男了該入浴了吧？不是。只見這個男子大叫一聲：「我是東方的佛」。然後渾身放射出金色的光芒，瞬間消失得無影無蹤。日本人特別喜歡清潔，與佛教信仰不無關係。

今天，「風呂屋」和「湯屋」已成為同義語，但最初兩者完全不同。「風呂」原指「蒸汽浴」。根據日本「民俗學之父」柳田國男考證，「風呂」原先是指「室」(muro)，到後來讀走音，才成了「風呂」(furo)。早在上古時代，日本的山民就開始洗「風呂」即「蒸汽浴」。他們用石頭和泥土等將山裏的洞窟「密封」，然後將水澆在燒得滾燙的岩石上產生蒸汽，讓蒸汽瀰漫整個洞窟。後來，日本人用泥土塗在房屋的牆壁上使之不透氣，然後同樣將冷水澆在滾燙的岩石上產生蒸汽。再後來又有了「釜風呂」，即用鍋將水煮沸，使蒸汽瀰漫整個房間。現代的瀨戶內海沿岸，即廣島、岡山、山口一帶，仍實行這種「蒸汽浴」。這種沐浴方式也叫「石風呂」。「湯」是指「熱水浴」。至江戶時代，「風呂屋」也有了「熱水浴場」，不再是純粹的「蒸汽浴場」，兩者的區別逐漸消弭。

浴場兼有色情服務，也和佛教相關。後來成為浴場賣淫女代名詞的「湯女」，初現於今天兵庫縣神戶市的有馬溫泉。有馬溫泉是 8 世紀由佛教僧人建造的療養設施，和下呂溫泉、草津溫泉並列日本「三大名泉」。有馬溫泉曾一度式微，建久二年（1191 年）由任西上人再興。當時，任西上人建了 12 個僧

房，讓過往的客人下榻。為了不使下榻的高官顯貴感到無聊，每個僧房均配置 2 個「湯女」。這些「湯女」就是江戶時代「湯女」的始祖。《有馬溫泉志》對那裏的「湯女」有如下描述：「白衣紅褲，染齒畫眉，侍奉身居高位的公卿，在沐浴前後休憩時，陪他們下圍棋、為他們彈琴，吟誦和歌。」後來，有馬溫泉的庶民浴客日趨增多，湯女的衣著和品味也日趨大眾化。西澤李叟的《綺語文章》有篇《有馬溫泉記》，裏面這麼寫道，「侍奉浴客的，早上 8 點之前是年齡較小的小湯女、8 點之後是年齡較大的大湯女。她們告知浴客浴場經營時間，接受浴客寄存的衣服和給浴客做嚮導。她們輪流值班，如同侍女。」其他溫泉和有馬溫泉的情形大同小異。《守貞漫稿》對湯女有如下記載：「時而彈三弦，時而唱歌謠，為酒席助興，但她們並不賣淫。」不過，事實究竟如何，仍存有爭議。《好色連連》寫道：「瞭解風俗、掌握技藝的女人，不僅三個色町有，有馬的富士和伊香保的江州等地也有。有馬的湯女相貌美麗，難以想象他們不賣淫。」

歷史上，日本無論經濟還是文化都是「自西向東」，即首先發端和發達於西部，然後向東部拓展。據史籍記載，「錢湯」一詞在日本的初現，是 16 世紀 30 年代，並且很快和博弈、遊船、夜行、遠狩並列，成為五種娛樂項目之一。但江戶時代錢湯出現較晚。久松祐之在《近世事物考》中寫道：「天正十九年辛卯（1591 年）夏，在今錢瓶橋尚有商家時，有人設浴堂，納永樂錢一文許人浴，是為江戶湯屋之始。」在日文

中，「湯」是「熱水」的意思，當時因為是一文錢洗個澡，所以稱「錢湯」。「錢湯」出現後，不僅很快成為平民日常生活的一部分，而且成為平民的一種娛樂。式亭三馬的《浮世風呂》寫道，「一般而言，錢湯對於町裏的年輕人而言，扮演著俱樂部的角色。反映當時的庶民生活。」[1]

　　江戶時代初期，「風呂屋」和「錢湯」有明顯差別。「風呂屋」中有「湯女」為浴客搓澡、梳頭。男女都著「褌」（褲子）入浴。按照《備前老人物語》的記述，「無人不著下帶」。《江戶繁昌記》也有記載：「老人無子弟扶者，謝浴焉。病人惡疾並不許入，且禁赤裸入戶。」後來，兩者幾乎成了同義語。「混堂或謂湯屋，或呼風呂屋。堂之廣狹蓋無常格，分畫一堂作兩浴場，以別男女。」也就是說，最初並非「混浴」。井原西鶴的《好色一代男》中敘述兵庫「風呂屋」的插畫顯示，男女浴客都穿著「褌」。「錢湯」則只是單純的沐浴，最初也不是赤身露體，一絲不掛。據《錢湯來歷》記述：「慶安年間（1648—1651年），男女同去沐浴，分別用一塊遮蔽羞體的布入湯池。女的那塊遮羞布叫湯文字。」《嬉笑遊覽》也寫道：「男女顯露陰部進入湯池的情況是不存在的，他們必然纏著『下帶』進入湯池，故下帶稱『湯具』，女性的『下帶』叫『湯文字』。」

　　1657年3月2日，江戶遭遇大火，連續燒了兩天，因為當時年號是「明曆」，史稱「明曆大火」。在此之後，幕府的

[1] 雄山閣編：《性風俗》(II) 生活編，雄山閣，1989年版，第359頁。

防火措施日趨嚴格，規定「錢湯」晚 6 點必須關門。但這無疑使營業收入驟降，怎麼辦？於是「錢湯」老闆想出了一個辦法，從晚上 7 點開始，在浴場更衣區再鋪一層草蓆，拉起屏風，擺上小桌，端上茶點糕餅，將其改變為演出場所。那些之前還在給浴客搓背的湯女則梳妝打扮，或彈三弦，或唱歌謠，為變身為觀眾的浴客表演。現代「娛樂溫泉」、「浴場酒場」，就是起源於此的。

進入江戶時代中期後，「湯屋」和「風呂屋」仍被明確區別。例如，1654 年幕府的法令仍稱：「町中湯屋、風呂屋」。之後，風呂屋日漸式微，湯屋日趨繁榮。最初「錢湯」是區分「男湯」和「女湯」的。由於男女比例不均，男浴客太多，女浴客太少，唯利是圖的老闆遂改成男女混浴，稱「男女入込湯」。不過，原先「混浴」男女都是遮羞的，並非一絲不掛。一些遊女混在其中，鶯聲浪語，和男浴客交談「葷話」不斷，其他浴客「性致勃勃」，使「錢湯」生意日趨紅火。因男女混浴導致猥褻事件頻發和社會風氣敗壞，幕府遂下令禁止混浴。據《守貞漫稿》記述，「江戶最初男女混浴，湯池不分男女，幕府老中松平定信下令區分浴池，禁止混浴，可有些湯屋仍陽奉陰違，不遵守法令，幕府隨後再次下令，嚴禁男女混浴，無奈屢禁不止。」

1854 年日本「開國」後，日本在洗浴方面的風俗，令率領艦隊迫使日本開國的佩里將軍大感驚訝：全家男女在一起入浴；夫婦在桶內洗「鴛鴦浴」，傭人吹火加熱以維持桶中水

溫；公公婆婆、兒子兒媳、孫子孫女一起「混浴」。他在日記中寫道，日本人是猥褻的民族。日本人放蕩、非道德、不貞、無羞恥心的人格特性，正使整個民族墮落。

進入明治時代後，混浴依然存在。1872 年 4 月，各府縣張貼佈告，禁止男女混浴。同年 11 月，明治政府再次發佈公告，宣佈對違反規定者處以罰金。隨後又發佈了「湯屋管理規則」，禁止男女混浴。1900 年 5 月，內務省發佈《營業湯場的風紀管理》，規定「12 歲以上男女不得混浴。違反此規定營業者，處 25 元以下罰金。」但是「上有政策，下有對策」。有些經營者依然巧立名目，暗中提供男女混浴服務。攝津、寶冢等地的「家族溫泉」、「特別湯」，就是此類場所。

江戶時代初年，日本還出現了「據風呂」。所謂「據風呂」就是「大浴桶」，考究一點的，下面還有加熱裝置。據《武將年表》記載，「據風呂」是在慶長十九年（1614 年）由大谷隼人發明的。「據風呂」的問世，不僅極大改善了家庭沐浴條件，而且被用於經營性浴場，衍生出了或用肩擔、或用車推的移動式「錢湯」、「荷負風呂」、「辻風呂」、「船湯」。「荷負」意為「擔負」，「辻」意為「十字路口」，「辻風呂」就是將「據風呂」放在十字路口經營。「船湯」就是船上的「錢湯」。除此之外，還有「花見風呂」、「雪見風呂」，即由人抬著一邊沐浴，一邊賞花或賞雪。

「錢湯」主要是「庶民俱樂部」，達官顯貴自然不上那裏去。他們的「風呂屋」另有一番風情。據《年年隨筆》記載，

在室町時代的應安年間（1368—1375 年），一些富豪府邸建起了洗蒸汽浴的浴室，在有客人到訪時先請客人沐浴，然後以酒菜款待，把酒言歡，席間有美女作陪。現在得到酒菜招待表示感謝的用語是「御馳走」，那時則是客人在沐浴後說「御馳走」表示感謝。在《風俗史》中有在浴槽邊鋪上木板、擺上酒宴，主人和客人一起邊沐浴邊飲酒的描述，可見兩者有著密切聯繫。

大名、將軍的府邸有被稱為「御湯殿」的浴室，外間是鋪有「榻榻米」的脫衣場地，裏間放著圓形「湯舟」。「湯舟」旁邊放置盛著熱水和冷水的小木桶，由女官先測試水溫。一切齊備後請大名入浴。伺候大名沐浴的是身份低微，不能直接和大名對話的「湯番」（侍從）。如果大名說水太熱或太冷，由跟隨大名的「小姓」（隨從）命令「湯番」加熱水或冷水。大名出行時，一些侍從會帶著風呂桶先行一步做好準備，以便大名下榻後即能入浴，洗去風塵。有種說法，他們的房屋可以沒有廚房，但必須有浴室。他們飲用的水可以不乾淨，但洗澡水必須乾淨。這種說法雖有誇張，但卻折射出日本「風呂」的「風情」。

神道也是「色道」

一個民族對於性的態度，與這個民族的宗教有著密切關係。天主教和佛教都要求抑制人類的本能 —— 性。在西方的創世神話中，上帝創造的亞當和夏娃「偷食禁果」是一種罪孽，因此天主教認為，人生而帶有原罪。天主教禁止婚姻以外的任何性行為，甚至對做愛的姿勢都有規定。男上女下的性交體位就是「合法體位」，被稱為「傳教士式體位」。主教、神父、修女都終生不婚。佛教創建者釋迦牟尼指出，人生有「八苦」，即生、老、病、死、求不得、愛別離、怨憎會、五陰熾盛。人所以有痛苦就是因為有欲望。因此，消除欲望最有效的辦法就是克制欲望。佛教有包括「戒色」在內的五戒，僧侶不能婚娶。但日本原生宗教神道則迥異其趣。被譽為「神道的聖經」的《古事記》，有 35 處直接提到性。作為日本「創世神話」的「神代記」，更是對男女媾合熱情謳歌。甚至日本國土，按照《古事記》的說法，最初就是通過男女媾合產生的。

神道是以祭祀、祈禱為特徵的宗教，顯示出「萬物有靈」的特徵。和神道相關的各種「祭」，即日本的民俗禮儀或慶典，往往通過生殖崇拜，顯示對生命力的崇拜。很多「祭」如

同放縱和宣揚性開放的「狂歡節」。日本很多「祭」在中國人看來簡直淫亂不堪，但卻是日本民俗文化的重要組成部分。按照日本著名作家三島由紀夫的評價，「祭是一種人類與永恆世界的庸俗交配。這種交配只有通過如『祭』這種以敬神為名的淫蕩活動才能進行。」

論及「祭」和「性」的關係，首先有必要引用日本的「川柳」（一種詩歌）中非常著名的一句：「祭是延續祖先的血脈」。將性交作為「祭」並進行公開宣揚，就是因為按照日本人的觀念，「祭」和「性」有著密切關聯。據學者考證，早在兩千年前彌生時代的農耕部落，日本的先民常常在田間小路上性交，這種風俗行為後來演變為一種宗教儀式，叫「御田祭」。這種風俗主要不是為了感官刺激，而是為了娛神祈禱，並沿襲至今。

日本在遠古時代就有生殖器崇拜，例如，出土的土偶很誇張地顯示女性生殖器、乳房、隆起的腹部，說明當時的生殖崇拜主要是對女性的崇拜。之後逐漸轉向男根崇拜。日本繩文時代的土器和石器中，大量男根的存在就是很好的證明。807年齋部廣成編纂的《古語拾遺》中，就有相關故事。這些和各民族的「童年時期」並無差別。如同一個男孩 2 歲的時候，光著屁股到處走，他自己不感到害羞，別人也不會介意。但是如果他長到 20 歲依然光著屁股到處走，即便他毫無羞色，別人也會感到受不了，會懷疑他是否「精神錯亂」。日本，彷彿就是個到了 20 歲還光著屁股到處走的男人。

在日本，性器官自古作為生產的象徵受到崇拜，性愛被視為神聖和精力旺盛的標誌。直到今天，日本有些地方依然有抬著神的性器官象徵物遊行的習俗，一方面為了驅邪，一方面以此表示對神的崇敬，使神快樂，俗稱「神樂」。在日本各地，人們圍著「男根女陰」，唱著內容「淫穢」的歌以渲染氣氛的「祭」，比比皆是。有的「祭」還將「男根女陰」放置在柱子上。在奈良縣磯城郡的一些神社，一些人戴著黑帽子、穿著粗紋條衣服，一邊圍著「男根女陰」轉，一邊反覆高喊與性有關的口號。這種祭的儀式，就是源於《日本書紀》的「神代記」。按照《日本書紀》敘述，「神世七代」的第七代神從「高天原」（天國）降臨後，豎起了一根擎天柱。男神對女神說：「我們圍繞著擎天柱，你從右往左，我從左往右，在相遇的地方結合，生產國土。」後來，他們就生下了大八洲，包括今天的四國、九州、本州島等 14 個島。所以，古代日本又稱「大八洲」。

日本奈良縣有一個村莊叫「明日香村」，村裏有個「飛鳥坐神社」，每年 2 月的第一個星期天舉行「御田祭」。在這個祈禱豐收的祭祀中，有一個戴著「天狗」面具的男人和戴著少女面具「多福」的女人登場，向公眾展示男女歡娛的真實場景。只見男人將少女推倒，並演示各種做愛動作，包含和插秧相似的一部分難以言表的動作，但這不是淫穢表演，而是正經嚴肅的宗教祭事，是向神奉獻，祈求五穀豐饒。

日本橫濱市鶴見區的鶴見神社，每年都舉行「水田祭」。「水田祭」在 12 世紀即鎌倉時代就已形成，後來一度中斷，

1987 年後又重新恢復，在每年 5 月的第一個星期日舉行。「水田祭」有個儀式是一男一女戴著面具登場，男的叫「放鶴」，腹前吊著一個長約 2 尺、用稻草結成的棒狀物。女的叫「龜藏」，腹部隆起。其生殖崇拜的象徵意義，毋庸贅言。

愛知縣岡崎市瀧山寺，每年正月 7 日要舉行田樂。祭祀活動中，一個叫「福太郎」的男子和一個叫「壺女」的女子，先是表演插秧，然後在一張鋪開的草蓆上枕著農具睡覺。在似睡非睡時，「壺女」會大聲喊叫，「啊，我懷孕啦！」這顯然將女子懷孕和水稻灌漿聯繫在了一起。

日本岡山縣西大寺市有一個民俗節，叫「裸祭節」。裸祭節又稱會陽節，是日本三個最古老的民俗節日之一，發端於江戶時代末期，在每年 2 月的第三個星期舉行。裸祭節「蔚為壯觀」，上千名男人和小孩裹著日本傳統的纏腰布，幾乎全裸的在街上奔跑，爭搶「寶木」。想孤身一人搶到寶木是不可能的，得結成團隊共同行動。於是，同一個單位或左鄰右舍的男人便各自結成一隊，團結協作。

日本很多習俗也都與性有關。日本天皇的即位儀式程式相當複雜，有各種各樣的禮儀，其中最重要的是具有神道色彩的即位儀式「大嘗祭」。2019 年德仁天皇繼位時，也有這一儀式，但和過去大嘗祭儀式已迥然有別。平安時代舉行「大嘗祭」時，會有五位漂亮的舞女翩翩起舞。舞畢，要進行「帳台測試」，即分別進入一個個帷幔，然後天皇進入帷幔與其進行不可描述之事，以祈禱來年再獲豐收。

日本有將少女的「初夜」獻給神的風俗。天皇也是神，所以也經常享有新娘「初夜權」，而對天皇來說，新娘是他的「一夜妻」。據文獻記載，雄略天皇因為「一夜妻」而懷疑他不是「一夜妻」肚子裏孩子的父親。甚至是處女的天皇的小姨子，也要將「初夜」獻給天皇。在《允恭紀》中，有這麼一個故事──

　　允恭天皇聽説皇后有個妹妹叫衣通郎姬，長得非常漂亮，很想與其有雲雨之歡，無奈皇后是個醋罈子，只能心字頭上一把刀──忍。一天，宮中舉行宴會，天皇親自撫琴彈奏，皇后揮袖翩翩起舞。按照規矩，舞者要對天皇説：「向您獻上女子。」但皇后知道天皇的心思，出於嫉妒，沒有對天皇説這句話。天皇很生氣，問：「為什麼該説的話不説？」皇后無奈，只得按規矩行事。天皇問：「獻上哪位女子？告訴我她的名字。」皇后回答：「我的妹妹衣通郎姬。」於是，衣通郎姬被召至宮中，因為，天皇是「神」，宮廷是特殊場所，「侍寢」就是敬神，具有「祭」的含義。

　　在九州長崎縣北松浦郡一個叫稗天的地方，流傳著一種習俗。新娘在舉行婚禮前要由已婚婦女陪伴，前往當地的鄉社緣岡神社參拜。一般都由新娘的母親、姐姐等陪伴。為了掩人耳目，她們往往在深夜前往參拜。到了神社以後，神社的神官身著正裝，非常嚴肅地出來迎接，然後取出藏在神殿裏的男根狀「神體」，交到陪伴新娘前來的婦女手裏，由她交給新娘，寓意將初夜奉獻給神。在日本一些地區，直到戰前，新婚之夜新

人也不睡在一起，婚禮一結束，新郎就被夥伴們拉到「遊廓」（妓院）去，並且在那裏住上兩三天，新娘甚至還會給新郎送飯。這麼做，就是讓新娘和惠比須神（日本的財神爺）或其他神「一起睡」。因為，人們相信神會造訪人間，處女應該「侍寢」。有些聞名全國的人如果造訪偏遠的村落，會受到熱烈歡迎和盛情款待，會挑選村裏一個漂亮的女孩當「一夜妻」，也是因為將其奉若神明。

在皇宮中侍奉天皇的「採女」或「舞姬」，往往終身不嫁，因為天皇是「現人神」。神社中的巫女因為常年侍奉神是不能和普通人結婚的。在正式被錄用為巫女之前，對其是不是處女要進行檢查，學者稱之為「貞操測試」。測試方法各地不同。《近江國輿志地略》中有如下記載：先挑選 8 個處女。讓她們頭上頂著鍋起舞，如果曾經接觸過異性，鍋會裂開掉到地上。還有些地方是集合所有未婚女子，讓她們走獨木橋。如果不是處女，會從獨木橋上掉落。

江戶時代以後，巫女通常和「山伏」（在山野裏修行的僧侶）結婚，在江戶時代之前則大都一世獨身。伊勢神宮的齋宮、加茂神社的齋院，都獨守終身。之所以如此，是因為她們是「神的妻子」，通過與神的媾合，能更好地獲取神的旨意，更好地發揮傳遞「神託」的作用。有些地方的祭也有男扮女裝主持祭神，這種祭叫「一時上臈」，即「臨時妻子」的意思。

在越中國，即今天的富山縣，有個鵜阪神社，過去曾經有一種專打女人屁股的「祭」，叫「尻打祭」。據《和漢三才圖會》

記載，「鵜阪明神祭禮，神主用榊杖打婦女，且多少隨所觸男夫之數。」[1] 也就是說，在舉行祭禮時，神人在宣讀祝詞後，要求鄉里女子自己申告，一年和多少男人發生過性關係。然後用一塊叫「鵜阪杖」的板子打屁股。和幾個男人發生過關係就打幾下。這種習俗在江戶時代的繪本和雜書中，均有記載。例如，1793 年問世的浮世繪畫師歌川豐國的《繪本館的物競》，就有神主榊杖打婦女屁股的畫面，並配有著名歌人源俊賴的和歌。和歌的大意是：與幾個男人有染擊打幾下，作為不貞之訓誡。如果認為公開承認這種事很丟臉，想隱匿，將遭受神的懲罰，甚至會喪命，斷然不敢不報。

在近江國，即今天的滋賀縣的筑摩神社，每年 4 月有「筑摩祭」。和「尻打祭」有點類似的是，女人曾有過幾個男人，頭上套幾個鍋。最初是用以說明這個女人結過幾次婚，讓想要結婚的男人們知曉，後來變成和幾個男人發生過性關係，就套幾個鍋。再後來變成了以鍋越多越自豪，說明受人喜歡。《伊勢物語》和《神社啟蒙》記載，輕浮和賣笑的女人頭上的鍋很多，因為她們有艷態，容易獲得男人喜歡。

江戶時代，日本一些地方有「女性齋忌日」，即 5 月 5 日。在前一天夜晚，處女分別待在自己家裏。她們會揮舞菖蒲驅趕掉屋子裏男人的氣息，使房屋變得清淨。所以選在這個時候，因為農曆 5 月正是插秧季節，對稻作文化的日本特別有神

---

[1]　田中香涯：《耽奇猥談》，不二屋書房，1929 年版，第 208 頁。

聖感，讓處女待在家裏「與神媾合」，顯然具有「插下秧苗」，祈禱來年豐收的寓意。在收穫季節有「收穫祭」，也要迎神。這一天，甚至平時對妻子關愛備至的丈夫，也會被妻子趕出家門。因為，他不能妨礙妻子與神媾合。近松門左衛門的《女殺油地獄》，對此有生動描述。

四

「敬神」就是「享樂」

日本文化人類學家祖父江孝男指出：「在日本人的性意識中，具有謳歌性的自然主義享樂，以及覆蓋在這種基礎上的儒教的嚴格主義。即日本人的性意識具有兩者共存的二元性特徵。」[1] 所謂「儒教的嚴格主義」，就是指程朱理學。因為，雖然在 4 世紀末，儒教已經傳入日本，其標誌性事件是朝鮮半島百濟的五經博士王倫攜《論語》進入日本，獻給應神天皇作為皇子莵道雅郎子的課本。但是，當時儒教對日本的影響微不足道。直至江戶時代幕府將朱熹的「朱子學」奉為官學，儒教才真正影響日本。朱熹強調「存天理，滅人欲」，即「飲食，天理也。山珍海味，人欲也。夫妻，天理也。三妻四妾，人欲也。」但是，在朱子學影響日本之前，日本風俗已然形成，何況日本人性意識的本質，是「謳歌性的自然主義享樂」。因此，日本風俗在追求性享樂方面，存在一道道「靚麗的風景綫」。現在日本很多年輕人都到神社舉行婚禮，通過向神起誓的方式表示將白頭偕老，永結同心。過去，日本年輕人結婚時

---

[1]　石川弘義、野口武德：《性》，弘文堂，1974 年版，第 85 頁。

112

也前往神社，但那是因為他們的結緣不是根據包括父母在內的凡人的意願，而是根據神的旨意。於是，希望能夠嫁給或娶到意中人喜結良緣的年輕人，便向神祈禱。直到今天，日本依然有著「結緣神」信仰。最初的「結緣神」是天照大神的弟弟、海神素盞鳴尊和稻田姬，敬奉二神的是出雲的八重垣神社。直到今天，奈良縣素盞鳴神社和相鄰的稻田姬社，每年 1 月 10 日都要舉行「掛網祭」。儀式中，「女方」抬著長達 1 丈 5 尺的稻草製女陰模型，前往素盞鳴神社，到達神社後將女陰模型掛在神社左側的大樹上，然後「男方」則將長達 1 丈的稻草製男根模型掛在神社右側的大樹上，然後在眾人的歡呼聲中，陰陽進行媾合。

鹿島神宮也是祭祀結緣神的，根據《廣益俗說辨》記載，祈求有夫婦之緣的青年男女，一起前往鹿島神宮。他們會奉上兩條苧帶，上面分別寫著兩人的名字供奉到神前。而後由巫女為證，若獲得神的恩准，便可成婚。另一方面，這種祈求神恩准的風俗，也衍化成在神社實現「性行為」的基礎。因此，在神社「祭日」的夜晚，也是男男女女的「狂歡節」。

日本「性的自然主義享樂」，很多是在大自然中享樂。愛知縣的一些地方，每年春季都舉行叫「御山」的集會。男女穿著整潔，背著割草的簀子，唱著鄉間民謠，到山裏去生活，去尋歡作樂。這一天，如果青年男女相約相守終身，他或她的父親必須同意。如果無法締結婚約，特別是女孩，會遭到鄉鄰嗤笑。在此之前，她父親會因為擔心而提前做好準備，具體做法

就是在去山裏之前，私下和本村或鄰村某個小夥約定，讓他向自己女兒求愛。如果男女雙方約定，就在山野裏「野合」，然後在當年秋天的「氏神祭」舉行結婚儀式。茨城縣一些地方也有類似習俗。直到明治時期，那一帶的夫妻一多半都是通過這種方式結合的。

岐阜縣還有一種更加「狂野」的風俗，就是在每年農曆9月12日到15日的「氏神祭」期間，在月色皎潔，樹影婆娑的時候，男女老少都前往神社集合，和著太鼓的鼓點，唱著浪漫的歌謠，男女相擁，狂熱起舞。如果情投意合，不管老頭還是小夥，不管處女還是寡婦，一起離開神社走向荒野，天當被，地當床，盡情釋放人的本能。

日本庶民社會還有一種叫「歌垣」的風俗（關東叫「嬥歌」），在奈良和平安時代尤其盛行。在《常陸風土記》等歷史文獻中，對「歌垣」有詳盡記載。其表現形式是青年男女通過「對歌」尋找意中人。日本在古代有舉行「歌垣」的風俗。這一天，男男女女彙聚到山野裏唱歌。常陸國是在筑波山，肥前國是在杵島山，攝津國是在歌垣山，等等。「在這種歌垣中，素不相識的男女不僅一起載歌載舞，而且還進行性交。」[1]「歌垣」的遺風直到現代仍留存於日本東北地區。

高知縣一些地方，在柴折藥師的忌日，即每年農曆7月6日，青年男女前往神社參拜。晚上，雙方會進行問答，一般

---

[1] 追手門學院大學東洋文化研究會編：《性愛的文化史》，勁草書房，1994年版，第169頁。

都是男青年問，女青年答，任何問題都可以問。如果女青年無法回答或不願意回答，則必須遵從男青年的意願。這種風俗明顯沿襲了「歌垣」的傳統。在大分縣的五馬媛神社，每個祭日的晚上都有青年男女聚集在一起，不管認識或不認識，只要雙方「對上眼」，就會進行「野戰」，包括女孩的父親在內，任何人不得干預和指責。因為這是響應神的召喚，是一種敬神儀式。[1] 在日本西部地區，直到現代仍存在「青年宿」。男女青年都集中到「公會堂」一樣的大屋子裏，共同生活，包括過夜。如果雙方你有情我有意，會從那裏「消失」——單獨外出，甚至讓男方和女方的家人遍尋不著。但時隔不久，男方會託朋友前往女方家，告知女方父母他們已成為夫妻。如果父母同意，男方會帶著 3 升酒前往女方家正式提親。

在日本有很多以祭的名義進行的「野合」。例如，「樹根祭」就是其中之一。所謂「樹根祭」，就是在黑暗中以樹根當枕頭。平日一起過村落生活的人，在祭這種嚴肅的場合，在黑暗的樹林中，在神樂聲中，各自懷著內心的喜悅進行媾合。「歌垣」和「樹根祭」日後成為村裏年輕人談情說愛乃至談婚論嫁的極好機會，而神社的巫女則扮演接待賓客的角色。賓客有時在並非祭的時候不期而至，接待這樣的賓客，不是村裏的少女，而是平日裏在神社任職、將處女身奉獻給神的巫女。這也是神社前面的「遊廓」日趨發達的重要原因。因此，日本

---

[1]　礫川全次編：《性愛的民俗學》第 3 卷，批評社，2007 年版，第 203 頁。

民俗學泰斗柳田國男認為，最初的「遊女」（妓女）就是「巫女」。令人嘆為觀止的是，若是在非洲或太平洋南岸的一些原始部落，存在這種風俗不足為奇。但在文明高度發達的日本現代，作為風俗的這種「祭」依然有部分留存延續，堪稱「天下奇祭」。

日本很多地方還有一個風俗，叫「雜魚寢」，就是在規定的日子，男男女女睡在一起。山形縣東村山郡的山寺，是名僧慈覺開基的名剎。每年七夕夜晚，有很多男女登山進剎，不分職業，不問年齡，同席共枕。在山寺附近有個 30 多戶人家的村落，村落的名稱叫「滅茶苦茶」，譯成中文就是「荒誕離奇、毫無道理」。這個村落自古有個風俗，就是各戶人家不管是男是女，都時而到其他人家寄宿，也就是「雜魚寢」。福島縣南會津郡在舉行「氏神祭」的時候，鄰近地區數百個男女會聚集到那裏，以接待氏神的名義「雜魚寢」。櫪木縣櫪木町附近的太平山神社，在八朔即農曆 8 月 1 日的晚上，參拜者也都在神社裏「雜魚寢」。直到近年，才因政府認為這種風俗不屬公序良俗而被取締。

千葉縣一宮町的玉前神社也有「雜魚寢」。長野縣諏訪郡的八幡神社，每月 14 日晚上，善男信女會聚神社並睡在一起祈禱良緣。新潟縣岩船郡有個漁村，村裏的男男女女經常聚集到氏神社去「雜魚寢」。據説這個習俗源於男子出海捕魚，留在村裏的女子感到寂寞。警方認為這是敗壞社會風氣，數次予以取締，但屢屢無效。石川縣珠州郡有個三崎神社，每年 8

月 15 日是「雜魚寢」的日子。當天,方圓數十里的男男女女都會彙聚到這裏,徹夜狂歡。神戶市林田部郡有個村莊叫駒林村,附近沒有寺院,但卻有「雜魚寢堂」。每年「節分」即立春、立夏、立秋、立冬的前夜,村裏未婚男女都在這裏「雜魚寢」,隨後結為夫妻。由於處在黑暗中完全通過摸索憑感覺,年齡和相貌都無法判別。但是按照規矩,即便不中意也不得反悔。現在已不再有「雜魚寢」,但是「雜魚寢堂」被稱為「枕寺」,裏面保存著很多枕頭,讓人不難想象當時的情景。奈良縣十津川村被稱為日本第一大村,過去也有「雜魚寢」,有時請往來的旅客一起參與。京都府與宇治町的縣神社,有被稱為「取種」的「雜魚寢」,是時神社和町裏的燈火全部熄滅,在一片黑暗中彙聚到那裏的男男女女在神社,在旅館,在居民家裏就寢,既不知道對方叫什麼名字,也不知道在什麼地方,只是在黑暗中「翻雲覆雨」。如果懷孕則視為神賜予的「種」。

即便沒有「雜魚寢」,日本人的婚配也經常非常隨機和隨意。直到前不久,宮城縣牡鹿郡的一些村落還保留著一種非常奇特的風俗,就是在舉行婚禮的前夜,允許村裏的一名男青年享有初夜權。兵庫縣淡路的婚前習俗,在今天看來更是荒誕,就是在舉行婚禮的前夜,由新郎的 3 名親友將新娘帶到森林裏,因為那片森林住著鎮守當地的天神,在那裏使她不再是處女。當然,名義上她是為神「侍寢」。如果新娘不履行這項「義務」,新郎將無法與其同房。

在新潟縣幾乎全縣,直到明治五年即 1873 年之前,仍保

留著所謂「盆籤」的習俗。所謂「盆籤」，就是在每年盂蘭盆節的時候，女孩子通過抽籤決定嫁給哪個男子。一旦抽中，男女雙方都必須服從。比較人性化的是，如果男子覺得該女子不中意，可以用一升酒取消，然後第二年再抽籤。靜岡縣田方郡有著與此類似的風俗，不過抽籤不是在盂蘭盆節，而是在每年的春節。在新潟縣西蒲原郡有個村的「結親」方法也非常簡單，就是每年 3 月舉行宴會，宴會上女子向中意的男子敬酒。如果男子接受她的敬酒，則雙方結為夫妻，不過未必白頭偕老。因為在每年 3 月、6 月、8 月、9 月，村裏都舉行宴會，屆時已結成的夫妻可以變更。不過，在他們還是夫妻的時間段內，不得和其他人發生性關係。如果違反規定，則必須繳納罰金。下川耿史在《盆踴・亂交民俗學》中寫道，「性愛的世界，亦如一個心靈磁場，處於其中的人們都會感覺到生命的愉悅」。日本，真的是一個「謳歌性的自然主義享樂」的國度。

第四章

出軌成「風」，死亡為「情」

婚姻形態的變遷

日文中的「不倫」一詞，譯為中文是「婚外戀」即「婚內出軌」。這個詞直到明治時代才出現。因此瞭解「不倫」，首先得瞭解日本婚姻的變遷。

大化元年（645 年），日本朝廷頒佈了作為婚姻法雛形的《男女之法》。該法第一條規定，「良民之男女所生子女，屬父親」，同時開始採用中國的「三從七去」道德律。「三從」即「未嫁從父，既嫁從夫，夫死從子」。「七去」即有其中之一，丈夫可以休妻：「無子、淫佚、不事舅姑（公婆）、口舌、盜竊、妒忌、惡疾」。自此日本全面進入「男權主義社會」。

隨著男子地位的提高，奈良時代（710—794 年）開始實行一夫多妻制，並在平安時代（794—1192 年）依然得以延續。但是，「訪妻婚」、「招婿婚」、「嫁娶婚」三種婚姻形態同時並存。「訪妻婚」，就是平時男女均和自己的家人住在一起，晚上「訪問」妻子，早上離開。「招婿婚」，就是丈夫入贅到妻子家生活。「嫁娶婚」就是迎娶新娘。在當時的貴族社會，男子一般在十二三歲「元服」，要舉行成人禮，即不用幼名改用正式名字，改變髮型等。為了使他能儘快成熟，其家族會為

他找個年長他兩三歲的妻子。按照規矩，他要先在女方家裏生活 3 個月到 1 年，然後將妻子娶回家。他可以擁有兩位或更多妻子，同時擁有多個不和他住在一起的「妾」。除了正妻，其他妻子都是他通過戀歌贈答確定的。只要你情我願就能成婚，即不必聽從父母之命，也不必依賴媒妁之言。

說起婚姻，平安時代以後，朝廷的後宮比以往「熱鬧」不少。日本天皇的後宮是以中國王朝的後宮為藍本的，但也進行了一些革新。例如，天皇的配偶除了皇后，還有一些中宮、女御、更衣等嬪妃。皇后往往是從「中宮」挑選的。其他公卿除了作為正妻的「北之方」，還有約 10 個女人。她們無論在經濟上還是精神上都是獨立的：住在自己家裏，丈夫不時前往造訪。也就是說，她們不是丈夫的附屬物，男女之間維持著多角戀愛關係，同迷戀男人權勢和金錢，甘願作為其附屬物的「妾」有極大差別。1192 年鎌倉幕府建立，日本進入武家政權時代後，武士們也仿效公家的做法左擁右抱，有了正妻和側室。最初，他們之間的婚姻基礎也是愛情，後來隨著形成政治聯姻的「政略婚」的盛行，婚姻日益不再以愛情為基礎，而是成了政治和軍事的「婢女」。同時，在鎌倉時代以後，「訪妻婚」和「招婿婚」均基本消失，「嫁娶婚」成為基本婚姻形式。這種方式一直延續到江戶時代。

實行「嫁娶婚」後，需要舉行婚禮，遵循一定的儀式和規程。男女雙方要互相交換金銀、衣服等作為聘禮，這在日語中稱「結納」。江戶時代，在「結納」後、沒有正式舉行婚禮獲

得「賀詞」之前，新娘是新郎「寄存」在女方家裏的「寄存物」。也就是説，舉行婚禮、獲取「賀詞」以後，才算是嚴格意義上的結婚。但是，此時新娘和別的男人私奔，在法律上也視為通姦，只是處罰稍輕。另一方面，按照儒教「好女不嫁二夫」的訓誡，如果丈夫在正式舉行婚禮前去世，妻子為丈夫守貞者，賜予「某某信女」的戒名，並和死去丈夫的戒名一起鐫刻在石塔上。為丈夫守貞的妻子的名字被塗成紅色，稱「赤色信女」。所謂戒名，是平安時代後，人們為獲取死後冥福先進行祈禱和舉行佛教法事獲取的法號。法事原本應該在死後做，生前做叫「逆修」。

　　武士的婚姻有特定規矩。寬永十二年（1635 年）頒佈的《武家諸法度》規定，「國主、城主、領俸祿一萬石以上大名、近習（主君身邊的臣屬）、物頭（弓・槍戰鬥組長），不可私定婚姻」。不僅大小名，其他武士的婚姻也不是私事，因為武士的婚姻涉及血統保持和主君賜予的家督的存續，所以必須在雙方戶主商量妥當後，彙報主君，取得主君認可。相對而言，農、工、商階層的婚姻締結要自由得多，只需雙方家長同意即可。不過，他們都分別生活於各自的階層，一般都在同階層內通婚，因此也不是真正的婚姻自由。無論武士還是庶民，離婚的權利都歸丈夫所有，妻子如果沒有娘家做後盾，是無法提出離婚的。

　　江戶時代，日本實行金銀銅「三貨制」。關西地區實行銀本位，關東地區實行金本位，銅幣主要用於日常消費。在締結

婚約時，關東地區女方家庭要向男方家庭送「持參金」，關西地區則送「持參銀」。「持參金（銀）」在《日漢辭典》中被譯為「陪嫁錢」，實際上它和中國人理解的「陪嫁（錢）」，含義並不相同。「持參」意為「自備」，其原型至少可以追溯到中世紀。當時，領主或地頭（為領主管理土地的家臣），在女兒出嫁時會向男方贈送一塊面積不等的田地，叫「化妝田」。這塊土地是「一期分」的，即只限一代使用，若女兒返回娘家或去世，則予以收回。到了江戶時代，這種習俗在整個農村擴散，一些條件較好的農民在嫁女兒時也這麼做。一般工匠和商人沒有土地，便以金銀取代。

為什麼要讓女兒帶著「化妝田」或「持參金（銀）」出嫁？日本有種說法「男人的心如秋日的天」。也就是說，男人的心像秋天的風一樣，容易轉變方向。這筆錢的意義是，如果想要離婚，必須歸還這筆錢，若歸還不了怎麼辦？事實上，有的男人結婚後對妻子橫豎看不順眼，但確實因為歸還不了「持參金（銀）」而作罷。所以，按照日本諺語，「持參金（銀）」是「自備的遮擋秋風的金屏風」，有避免丈夫變心的作用。這筆錢在夫妻離婚時和「一期分」的土地一樣，也要歸還。不過，如果是女方主動提出離婚，可不必歸還。

如果「休妻」，丈夫一定要給妻子一紙「離緣狀」。「離緣狀」又叫「去狀」、「暇狀」，內容簡單，通常只有三行半字，所以俗稱「三行半」。據寬保二年（1742 年）頒佈的《古事方御定書》，「如果不給前妻離緣狀又娶了新妻，予以驅逐出居住

地」。也就是説，「三行半」，是男女雙方都不可或缺的「再婚資格證明」。根據石井良助的《日本婚姻法史》敘述，「三行半」前半部分是離婚理由，後半部分是再婚許可。離婚理由無外乎喪失感情或性格不合云云。後半部分一般不會寫女性患不孕症、性冷淡、不擅做飯等有礙再婚的內容。有時「三行半」還會寫上放棄「持參金」，或寫上向丈夫支付補償金。補償金日文稱「趣意金」或「緣切金」。

日本在江戶時代已建立起戶籍制度，每個家庭都持有記載家庭成員、婚姻狀況和職業情況的「人別賬」（戶口簿）。沒有住所和正當職業屬「無宿者」。如果重婚，武士將被逐出居住地，農民和商人或工匠則將被課以沉重的罰金，只是這筆罰金不會超過通姦為保命而交付的「七兩二分」。如果沒有獲得「離緣狀」，同時也沒有獲得娘家支持，卻同其他男人相戀或私奔，按照江戶幕府法律規定，「剃去頭髮交給其父母，是否讓她再婚由父母決定。禁止與不義之男交往」。有人私奔，一個月內，町和村的官員必須向上級機構「奉行所」或「代官所」彙報，當局將要求私奔者的親屬和町村官員進行搜尋，並對親屬課以罰金和要求無限期搜查。若町和村的官員知情不報，屬怠政，將受到處罰。

為了能夠擺脫不幸或不滿的婚姻，有的人會祈求斷絕夫妻緣分的神佛如「緣切觀音」、「緣切藥師」、「緣切稻荷」的幫助。祈求者大都是妻子，在流行「妻管嚴」的個別地區，如群馬，祈禱者則多為男性。在關西的京都、大阪等地，還有不少

「緣切廁」。例如，大阪的真言宗寺院持明院的院內，有個「緣結和緣切寺」。據《浪華百事談》記載，持明院本堂旁邊，原先有個廁所叫「緣切廁」。進入廁所祈求離婚，頗為靈驗。在京都音羽山山腰上的清水寺本堂與和歌山奧之院之間，有兩間廁所。一間祈求「離緣」，一間祈求「結緣」，均有求必應。

如果祈求神佛仍不靈驗，還可以遁入特定的尼姑庵，在那裏生活一段時間後，就可以離婚。在關東地區有兩個這樣的尼姑庵，在關西地區，這樣的尼姑庵有很多。除了類似於「避難所」的尼姑庵，神奈川鎌倉市的東慶寺、群馬縣新田郡的滿德寺，還享有統治者賜予的使夫妻了卻緣分的特權。東慶寺和滿德寺都是在 13 世紀後半葉由鎌倉幕府賜予這一特權的。在德川幕府成立之初，德川家康的孫女千姬和豐臣秀吉的兒子豐臣秀賴夫婦倆所生的女兒天秀進入東慶寺後，德川家康再次確認了該寺的這一特權。如果想離婚，由寺院的人召集雙方父母和町村的官員，宣佈允許女方在尼姑庵中「禁足奉公」，禁足即禁止外出，奉公即擔任一定期限的服務工作（東慶寺是 24 個月、滿德寺是 25 個月）。然後，由妻子剪下一縷頭髮送給丈夫，作為讓丈夫給予「三行半」的請求。隨著德川政權的解體，特別是隨著現代社會結婚和離婚的自由，這兩個寺院徹底完成了歷史使命。

明治初年，江戶時代男人妻妾的法律地位有所下降。根據明治三年（1870 年）頒佈的《新律綱領》，父母和子女屬「一等親」，妻妾屬「二等親」，「如果通姦，妻妾無別」。同時規

定，如果正妻沒有兒子，妾的兒子享有繼承權。之後，隨著主張一夫一妻制的基督教傳播的解禁，以及隨著自由民權運動的展開，明治十五年（1882年），政府規定對妾付出的勞務，必須支付報酬，即丈夫和妾的關係被降格為「勞務僱用關係」。

　1872年至1876年，被譽為「國民教師」的福澤諭吉發表了由17篇文章構成的《勸學篇》，其中第8篇竭力主張「男女同權論」和「一夫一妻主義」。福澤諭吉指出，妻妾同居的家不是人類的家，而是畜類的欄。1876年，民權主義者土居光華發表了《文明論女大學》，對主張三從四德的貝原益軒的《女大學》進行了激烈批判，強調自由戀愛和婚姻當以愛情作為基礎，父母也不得干涉，主張實行「一夫一妻制」。明治時代著名的啟蒙組織、以森有禮為首結成的進步思想家團體「明六社」，創辦了機關雜誌《明六雜誌》。該雜誌的主要論題之一，就是宣傳「一夫一妻主義」。經過長期爭論和較量，1898年公佈的「明治民法」，終於對一夫一妻制作出了法律規定。

對「通姦」者的處罰

婚外戀在今天的日本稱「不倫」，在過去則有很多表述，僅用漢字表述的就有「姦通、私通、不義、密通、密會、野合」，還有一些是以日文假名表述的。各地方言的表述更是林林總總。作為官方的正式用語，鎌倉時代和室町時代叫「密懷」，江戶時代叫「密通」，明治時代和昭和時代前半期即二戰前叫「姦通」。

在奈良時代，「通姦」處在萌芽狀態。因為，當時普遍存在一夫多妻的「訪妻婚」，即丈夫在黃昏時分造訪妻子，早上返回自己的住所，妻子並不是「私有物」。但是，在 10 世紀即平安時代以後，隨著父系社會的確立，日本婚姻形態開始發生劃時代變化，主要表現在女性均以某種形式隸屬於父親、丈夫，或作為其主人的男性。「嫁娶婚」即「夫方居住婚」逐漸佔據主流。自這一時期，夫妻關係開始趨向於穩固，「通姦」開始出現。例如，951 年問世的《後撰和歌集》第 1300 首，就有「陰曆十月初，發現妻密男（みそかおとこ）」一句。「密男」就是「姦夫」。《今昔物語集》中還有一男子發現妻子有「密男」而將「密男」殺死的故事，說明當時已有男子將妻子視為私有

物，不容他人「共用」。平安初期問世的《伊勢物語》，敘述了主人公從元服（成年）到去世的一生，是貴族社會的縮影。該書所以稱《伊勢物語》，有一種解釋是「伊」代表「女」，「勢」代表「男」，說的是包括私情在內的男女之情，男主人公與伊勢齋宮的私會反映了平安文學詠嘆萬物遷移不定的主旋律。描述平安時代後半期貴族生活的《源氏物語》，更是對「男女相悅之事」不惜筆墨，不僅鋪陳了複雜紛繁、纏綿悱惻的三角戀愛，而且描述了樂極生悲、淒然破滅的風流韻事。這部被稱為「日本的《紅樓夢》」的作品塑造了光源氏這個理想的男性形象：有權有勢、多才多藝。他得到諸多女性傾心，但凡和他有過床笫之歡的女性，無論美醜，都不會被他拋棄。這說明至平安時代，男人將女人視為私有物的「專屬意識」已相當明顯。

春畫《中本貼》之一

《月雪花》中的武士 歌川國貞 繪

《吾妻文庫》之一 歌川國芳 繪

《八雲之契》之一 富岡永洗 繪

《八雲之契》之一 富岡永洗 繪

至鎌倉時代，日本進入武家社會，不僅「嫁娶婚」成為基本婚姻形式，而且「婚外戀」成為「犯罪」行為。1232 年，幕府的實際掌權者北條泰時，主持制定了《御成敗式目》，「成敗」意為「處分」，「式目」意為「法規或法律條文」。《御成敗式目》因制定於貞永元年，通稱《貞永式目》，共 51 條，其中對武士的性行為進行了明確約束。不僅規定，「若路上強搶或強姦民女，御家人（直屬將軍的武士）禁閉百日，下級武士剃去半邊髮鬢」，而且規定，「與他人之妻秘懷罪科之事」、「無論強姦和姦（勾搭成姦），與他人妻子有染者，俸祿減半或流放」。因為，妻子與人通姦不僅有辱武士名譽，而且是對所有權的侵犯。值得注意的是，鎌倉時代已出現「妻敵討」。「妻敵」即「奪走自己妻子的姦夫」，「討」即「討伐」。也就是說，奪妻之恨，可以復仇。室町幕府對通姦實施「姦通兩成敗」，即對姦夫淫婦分別予以處罰的私刑得以公認，包括處死。

1597 年，追隨豐臣秀吉的土佐國（高知縣）大名長曾我部元親制定了《百條》，明確規定對通姦者處以死刑。雖然那僅是土佐一國的法律，但為江戶時代制定相關法律開了先河。江戶時代，男子 15 歲，女子 13 歲即為成年人，法定婚姻年齡也是男子 15 歲，女子 13 歲。如果強姦 13 歲以下女子，處以「遠島流放」。若強姦有夫之婦，可處以死刑。通姦在奉儒教「朱子學」為官學的江戶時代，也屬犯罪。

發生在江戶時代 1609 年的「豬熊事件」，可以讓我們一窺幕府對通姦的處罰。

幕府有個官員職位叫京都所司代，其職責名為代表幕府護衛皇室公卿，實則對皇室公卿進行監督。他還負責處理 8 個藩國的訴訟和監督關西地區 33 個藩國大名的動靜，權力極大。當時被德川家康任命為京都所司代的是板倉勝重。某日，他看到幾個公卿和宮女在一個大房間裏做愛，勃然大怒。認為這屬「不義密通」（通姦），當即將此情況向幕府彙報。將軍令他徹查此事並進行處罰。當年 10 月，板倉勝重宣判為首分子豬熊教利死刑；花山院忠長流放蝦夷；烏丸光廣等革除官職；5 名宮女流放伊豆的新島。那些被判罪的公卿和宮女感到「冤屈」，因為他們只是按照慣有的方式「尋歡作樂」，做夢也沒想到會因此犯下「通姦」罪。然而，在日本法制史上佔有重要一頁的「豬熊事件」說明，自江戶時代，幕府對「性自由」開始「零容忍」。

江戶時代武士的婚姻大都是由父親和主君決定的，缺乏愛情基礎，加上「參觀交代」使很多武士單身跟隨主君前往江戶，一些獨守空房的妻子難耐寂寞，紅杏出牆。因此在江戶時代，通姦時有發生。不過，這畢竟不是什麼光彩的事，因此對妻子出軌的事，一些聰明的武士往往採取隱蔽的方式處理。1688 年出版的《新可笑記》第三卷，就記載有一起妥善處理妻子出軌的案例。

一個河內國（大阪府東部）的武士在妻子病死後，長期過著鰥居生活。無奈家裏很多事情需要人操持打理，因此又續了弦娶。新娶的妻子既年輕漂亮又聰明能幹，按理應該很討丈夫

歡心，然而或許他倆真是沒有做夫妻的緣分，武士始終對新妻愛不起來。無趣而不鹹不淡的生活過了近三個月後，經常去他家的一個浪人看上了他的妻子，託別人寫了封情書，贏得了少妻的芳心，兩人幽會了幾次。此事很快不脛而走，傳到了武士耳朵裏。武士經過調查後確定，姦情屬實。他強行抑制住內心的憤怒，到山裏從山民那裏購買了一隻狐狸，半夜在屋前將其宰殺，以此向姦夫和公眾傳遞信息 —— 他是有血性會殺戮的。一年後，他將妻子送回娘家，並根據那封情書的筆跡確定了誰是姦夫。某日，他若無其事地約那個浪人一起到奈良遊玩，在那裏將他殺了，解了奪妻之恨。然後又若無其事地回到家裏。整個復仇行動神不知，鬼不覺。

另據《月堂見聞集》記載，鳥取藩大名池田氏赴江戶「參觀交代」，其侍從大藏彥八郎也跟隨前往。彥八郎留在家裏的妻子植子和有婦之夫宮井傳右衛門勾搭成姦。消息很快傳開。大藏彥八郎找來自己的妹妹和妻子的妹妹，詢問她倆情況是否屬實。兩人坦白說，曾勸過植子，但她根本不聽。聽她倆這麼說，大藏彥八郎怒不可遏，當即就將植子殺了，隨後帶了幾個人直撲京都。因為他得到消息，宮井傳右衛門住在京都。到達京都後，他向京都所司代遞交了復仇申請，然後立即前往宮井傳右衛門的住所。由於彥八郎不認識傳右衛門，於是便讓自己和植子的妹妹帶路，最終將宮井傳右衛門抓獲並結果了他的性命。

幕府第八代將軍德川吉宗頒佈的《御定書百條》規定，通

姦的男女雙方均處以斬首。勾搭姦夫殺害親夫，遊街後處以磔刑，即將犯人綁在十字架上用槍刺死；為主人的妻子通姦牽綫者，男的遊街後斬首並將首級置於獄門台示眾，女的斬首。如果丈夫將姦夫淫婦「捉姦在床」予以砍殺，當予以諒解。同時，當時的法律給予了妻子與人通姦的丈夫自行處置特權，如果發現妻子與人私奔，可以斬殺。《京都所司代密通者處刑判例筆記》還記載了依據這一法令實施的殘酷處罰。天和三年（1683 年），在寺院領頭誦經的「大經師」意俊的妻子阿姍，和家裏僱用的夥計茂兵衛私通並懷孕，兩人後來在女僕阿玉的幫助下，私奔至丹波（京都府和兵庫縣交界處）的山田村。但是，幕府的捕快很快將他們抓獲並解送進京。當年 9 月，他們在京都市內被遊街示眾後，茂兵衛和阿姍被綁在十字木架上刺死，阿玉被梟首示眾。

還有一起事件發生在享保二年（1717 年），《月堂見聞集》也有記載。出羽藩大名松平氏手下有個 48 歲的茶道師正井宗味，他和 36 歲的妻子阿豐育有 2 女 1 男，本來應該是個幸福美滿的家庭，卻因妻子紅杏出牆而毀滅。茶道師的妻子和 24 歲的「小姓」（下級武士）池田文次一起私奔去了大阪。得到妻子與人私奔的消息後，正井宗味即離開江戶趕往大阪，並向大阪奉行所（政府機構）遞交了「復仇申請」。那麼，他是如何獲知自己妻子和姦夫的棲身處的呢？原來他的妻弟、34 歲的彌市郎知道此事後非常氣憤，主動和姐夫一起去到大阪並找到了自己姐姐住宿的旅館，將她和池田文次騙到正井宗味守候的地

方，後者遂將私通的男女殺死。案發後，奉行所要求出羽方面將正井宗味領回，但出羽方表示難以從命。理由是，正井宗味不屬於獲得批准的復仇，而是擅離職守即離開勤務地江戶私自復仇。也就是說，正井宗味此後只能以浪人的身份討生活了。

但是，平出鏗二郎撰寫的《江戶時代復仇事跡表》顯示，自 18 世紀 20 年代即江戶時代後期，「妻敵討」無論在相關文獻中還是在文學藝術作品中，幾近消失。這主要有兩方面原因，一方面是幕府頒佈法令，禁止發表以武家醜聞為題材的作品。另一方面，也即最根本的原因是，如果為奪妻之恨而復仇，雖然可以維護名譽，但卻將斷絕家名、失去俸祿，成為沒有無主的浪人。也就是說，在「名」與「實」之間，絕大多數武士都棄名取實。畢竟，對武士來說，家名俸祿的存續比什麼都重要。

18 世紀中葉以後，武士竭力避免「妻敵討」，以商人和工匠為主的町人社會也開始傾向於認為將通姦者處以死刑過於愚蠢。最初，各藩對犯通姦罪的處置是，如果想免於一死，可以向佛教聖山高野山捐獻七兩二分銀子祭祀菩提，後來由於通姦事件大都私了，因此變成將錢賠付給女方的丈夫作為賠罪。通常的做法是，請專司調解的店舖出一調解人。調解人先「勘查現場」，確定通姦事實成立，然後聽取雙方意見。根據當時的刑罰，對「通姦」最重的處罰是斬首，因此一般支付銀兩「七兩二分」使姦夫免遭一死。這就是日本諺語「間男七兩二分」的由來。

「不倫是日本的文化」

　　日本著名作家渡邊淳一也表示,「不倫是日本的文化,豐富著日本人的感情生活」。1998 年,日本男星石田純一在婚外戀被曝光後,面對電視鏡頭毫無愧色,而是大言不慚地公開宣稱「不倫也是文化」。這句話引起了強烈的社會反響。

　　雖然「通姦」在鐮倉時代已屬犯罪行為,但是不僅不乏以身試法者,而且不乏認為這不屬犯罪者。另一方面,政府對殉情的態度也逐漸發生變化。江戶時代初期,幕府對婚外戀採取了嚴厲取締的方針。享保七年(1722 年),幕府頒佈法令,禁止以婚外戀殉情為題材的戲曲讀物等出版,殉情未遂者示眾三日,降為不屬士農工商的「非人」,殉情死亡者野外曝屍三日。但以後這一法度逐年緩和,因殉情被降為「非人」的,親屬可以繳納贖金使之成為良民,這種做法稱為「洗腳」(足洗)。將殉情而死者曝屍野外的做法則被完全廢止。例如,《南水漫遊拾遺》記載,「寬政五年(1793 年)二月十九日,阪町有殉情者,男女屍體被擲於千日前的墓地暴曬,前往圍觀者甚眾。之後,不再將殉情者曝屍」。

　　進入文明開化的明治時代以後,江戶時代的刑法被廢除。

根據 1880 年頒佈的新刑法第 183 條，若女方的丈夫提起訴訟，通姦的男女雙方均處以 2 年以下有期徒刑；但是男方的妻子不享有這項提起訴訟的權利。曾轟動日本社會的著名詩人北原白秋「通姦事件」，是新的刑法頒佈後到昭和時代二戰結束之前處置「通姦」的最知名案例。

1912 年，年僅 26 歲、被著名作家石川啄木譽為「當今唯一的詩人」的北原白秋，因為與《中央新聞》社會部攝影記者松下長平 23 歲的妻子松下俊子「通姦」而被捕入獄。北原白秋和松下家是鄰居。由於松下長平不僅經常將情人帶回家裏，而且對妻子松下俊子日趨冷淡。俊子非常苦惱，於是經常向北原白秋傾訴內心的苦悶，北原白秋對她深表同情。一來二去，倆人發生了不該發生的戀情。不久，他們的「戀情」被松下長平察覺，他向法院起訴，令北原白秋因犯「通姦罪」而被立即逮捕。按照當時日本刑法規定，已婚男子如果和有夫之婦發生戀情，即構成「通姦」罪；而已婚女子發生婚外戀情，不管男方婚否，只要女方丈夫提出起訴，男女雙方均以「通姦罪」論處。北原白秋當時未婚，屬後一種情況。

被捕後，北原白秋在《朱欒》1912 年 9 月號上撰文，敘述了自己的遭遇：「敬愛的人們，我將一切毫不隱瞞地如實相告……作為奇恥大辱的通姦事件的一方被告，我在上月 6 日接受了第一次審訊。之後，我和松下俊子同其他犯有盜竊、殺人、偽造印鑑罪的犯人一起，被押上囚車送往市谷拘留所。在拘留所裏，我是『387』號囚犯，被關在第 8 監房第 13 室。

在接受了第 2 次審訊後，我被戴上手銬，和其他犯人一起押走。」

北原白秋最終在朋友們的幫助下，交了罰金後被免於刑事處分。但是，「通姦」在他的詩人生涯中投下了濃重陰影，同時給社會留下了一個問號：日本刑法中的「通姦罪」是否公正、合理？

這一問號在二戰後得到解答。1946 年底，NHK（日本放映協會）在東京日比谷公會堂舉行了關於「通姦」問題的廣播研討會。會上，著名法學家、京都大學教授瀧川幸辰等堅決主張廢除通姦罪。他們的理由是：通姦罪對女性是不公正的。但站在女性解放運動前列的日本女權主義者奧むめお、平塚らいてい等則反對取消通姦罪。她們的理由是，在當時的日本尚不具備婦女因通姦罪的廢除而獲得解放的條件。最終，主張廢除通姦罪的瀧川幸辰一方的意見得到官方和多數人支持。1947 年 10 月，新頒佈的日本刑法廢除了通姦罪。當年 12 月頒佈的戰後新民法規定，婚姻是「男女雙方的共同意願」，無需得到包括父母在內的任何人同意；離婚只需夫妻雙方達成協議即可。民法第 770 條規定，「男女雙方彼此承擔忠貞義務」。也就是說，「不倫」不屬法律，而屬道德問題。

然而具有諷刺意味的是，進入 20 世紀 50 年代後，日本離婚率激增，而出現這種情況最主要的原因，就是由於通姦罪的廢除導致婚外戀激增。面對這一社會狀況，瀧川幸辰於 1952 年發表了一篇文章，題為《通姦和日本人》，對自己以往

堅持的「通姦是道德問題，法律不應干預」的觀點作了檢討。

在廢除通姦罪後，婚外戀在日本幾乎成燎原烈火之勢。1979 年，日本女作家森瑤子發表了「日本第一部主婦偷情小說」《情事》，揭示了「主婦偷情」這一日本婚外戀的「新動向」。1983 年 1 月 20 日，九州福岡市的「FKB 每日放送」，開播了一檔題為「妻子走向婚外戀」的節目，請妻子們暢談婚外戀的體會。節目開播後，十台接聽電話全部鳴響。在打進電話的 56 名主婦中，有 46 名毫無愧意和羞澀地敘述了自己的婚外戀體驗。同年 3 月 30 日，《西日本新聞》夕刊，登載了她們「令人目瞪口呆」的內心獨白。1983 年 2 月 21 日，「KBC 九州朝日放送」連續 3 天播出了題為「妻子們的叛亂」的特別節目，其中介紹了日本埼玉大學副教授田村正晃以 4000 名主婦為對象進行的署名問卷調查。調查結果顯示，婚後與丈夫以外 2 名以上男性發生過性關係的婦女佔 33.3%，與 1 名男性發生過性關係的婦女佔 48.7%，比率之高絕對在世界上名列前茅。1985 年秋天，日本電視台播出了以「主婦偷情」為主題的電視連續劇《星期五的妻子們》，引起社會強烈反響。所謂「飽暖思淫欲」。「妻子們的出軌」之所以在 1980 年代噴發，和當時日本經濟狀況發生深刻變化有關。從 1982 年開始，日本的純資產儲備額逐年遞增；1985 年更是從 1984 年的 700 億美元一躍而為居世界首位的 1200 億美元。至 1987 年，另外兩項顯示經濟實力的指標「貿易順差」和「外匯儲備」也達到了世界第一，成為「三冠王」。

最近幾年，按照日本人的說法，即使存在沒有鳥叫的日子，也不會存在沒有婚外戀的文字躍動於報章雜誌的日子。日本著名記者齋藤茂男寫了一部報告文學集，叫《妻子們的思秋期》。他在這部報告文學集的序言中寫到：「工薪階層的丈夫作為『社畜』（公司的牲口），一心只想攀升，使妻子們因為寂寞而不滿。她們對男人們毫不懷疑地盡心竭力構築起來的現代資本主義社會形態發出了疑問，她們用心靈和肉體表現，向男人們發出呼喚。」

1988 年 3 月，朝日新聞「主題談話室」欄目的主題是「愛的倫理性」，有不少人投稿。和自己已經不愛的丈夫或妻子離婚，然後再和與自己相愛的人結婚，是符合常理的。但有的男性和女性卻不想離婚，並提出了各種「希望獲得愛的自由」的似是而非的論調。例如，有些女性認為，丈夫能夠為自己提供「生活的保證」，情人則能夠為自己提供「性愛的保證」，同時擁有兩者，可以「兩全其美」。還有位女性認為，如果和自己丈夫的好友發生戀情，那是不道德的，但如果對方是其他人，就談不上不道德。男人也有男人的立場和觀點。有位 36 歲的教師談到，「按照社會倫理，我現在正處於婚外戀的境地。但是，按照我自己的看法，我並不認為這屬婚外戀。人的一生，往往會與喜歡的異性萍水相逢。萍水相逢就有可能產生戀情。但是，有可能因為一方或雙方擁有家庭，兩人不能成為眷屬，最終成為一場悲劇。但雙方的相處，真的不是出於性趣，而是因為具有超越夫妻之間情感的愛情。對此，希望能夠獲得公眾

的理解。」也就是説，按照客觀標準，他存在「婚外戀」。但是，按照主觀判斷，他這種「婚外戀」不僅情有可原，而且那種愛情非常崇高。這種主張，公眾能夠接受嗎？在「愛的倫理性」的投稿中，也有一些人提出，「用語言賦予婚外戀以正當性，或許是不可能的。在邁出走向婚外戀第一步的時候，就傷害了妻子或丈夫，傷害了孩子。這同時也是對自己的傷害。如果僅僅以自己忍受了這種傷害，忍受了周圍人的批評而強調自己的婚外戀是真愛，不僅沒有説服力，而且是錯誤的。」無論如何，這番話清晰地指出了一個基本事實：婚外戀將付出極大代價。儘管如此，願意付出代價的仍前赴後繼。1991年9月，日本女性雜誌發表了一篇題為《結婚後還想戀愛》的專題報道，並以婚齡 7 年以上、平均年齡 32 歲的職業女性為對象，進行問卷調查。結果顯示，有 68% 的女性對「除了丈夫，您是否喜歡過其他的男人」這個問題回答「是」。

1996 年，日本五大報紙之一的《日本經濟新聞》連載了醫學專業出身的作家渡邊淳一的小説《失樂園》，在社會上引起轟動。因為，這部作品撥動了無數中年男女「失樂園」的心弦。之後，《失樂園》被拍攝成電視劇和電影，由古谷一行和川島直美及役所廣司和黑木瞳分別領銜主演。「失樂園」因此成為一個「專用名詞」。2014 年 7 月 17 日，日本富士電視台開播了以婚外情為主題的電視連續劇《畫顏》，使日語又增添了一個新名詞：「平日畫顏妻」。《畫顏》中有一句經典台詞：「真正的戀愛必須等到結婚以後才能體會。」

（四）

「心中立」和殉情

　　1957 年 7 月 6 日拂曉，位於日本東京都文京區的天王寺五重塔突然燃起大火，整座塔被毀得只剩殘垣斷壁。雖然作為「歷史文化遺產」，天王寺和法隆寺、金閣寺無法相提並論，但在人們心目中享有獨特地位。因為，它是著名小說家幸田露伴的小說《五重塔》的原型。這篇小說敘述了建塔者如何克服重重困難，最後造出了經受狂風暴雨考驗的五重塔的動人故事，謳歌了今天備受讚譽的日本「工匠精神」。火災發生後，有人給幸田露伴的二女兒、同樣也是小說家的幸田文打了電話。幸田文聞訊，立即驅車趕到現場。面對劫後未能餘生的五重塔殘跡，幸田文痛惜異常，潸然淚下。五重塔為什麼突然起火？埋在廢墟中的一對男女的屍體，解開了謎團。經過專家縝密分析得出結論，起火原因是這對男女選擇五重塔作為他們殉情地點，故意縱火焚燒。作為愛情至上主義終極表現的殉情，在日本普遍得到稱讚。近松門左衛門敘述殉情故事的作品之所以廣受歡迎，就是因為反映了日本人對「殉情」的態度。但採取這種殉情方式，卻是遭人唾棄的。這起殉情事件如果發生在江戶時代，將被曝屍三天。

殉情，日文寫作「心中」。彼此相愛，但無法在此生了卻心願，只能寄望於來世能遂情緣，　起殉情，稱「心中死」。後來「死」字被省略，成了「心中」。「心中」原先是指男女殉情，後來含義進一步延伸，產生了父子或母子、父女或母女的「心中」，全家人「心中」，等等。再後來，以原本心甘情願為前提的「心中」，又拓展為「無理心中」，即逼迫對方和自己一起自殺。

「心中」是「忠」字的分拆，表明「我的心中只有你」。原初既不是殉情的同義語，也不意味以死明志。最初的時候，表達忠貞愛情的不是「心中死」，而是「心中立」。所謂「心中立」是專指在愛情方面「守信義」，最初產生於武士社會。據《往昔物語》記述，江戶時代，同性戀流行，14 至 18 歲的男子，常有被稱為「念者」的「男同志」。他們彼此之間締結「契約」。有時，武士為爭奪美少年而爭風吃醋，大打出手甚至鬧出人命。為了表示自己愛得一往情深，有的武士便將自己的指甲剝下，或者將小指切下贈給美少年。據《新撰狂歌集》記載，一個叫柴田太郎右衛門的人，深深迷戀一個美少年，為了表示自己的心意，切下了自己的一根小指贈送給他。如此鮮血淋漓的做法，顯然是戰國時代遺風。

後來，這種「心中立」方式傳導到花街柳巷，為娼妓所仿效，並有各種方式。

第一種方式是「宣誓」。據《色道大鏡》記載，有個遊女愛上了一個嫖客，對他傾訴衷腸。所謂「婊子無情，戲子無

義」，一個遊女的話他豈敢相信？但那個男的多少為遊女的表達所打動。那麼，如何證明她是真情還是假意呢？他想出了一個辦法，讓那個女的和他一起前往參拜熊野神社，將彼此相愛、海枯石爛心不變的誓言，寫在神社的金牛身上，表明向熊野權現起誓。[1] 當時的人們深信，熊野權現最不能容忍的就是撒謊。如果撒謊，必然會遭到懲罰。

第二種方式是「斷髮」。據文獻記載，「斷髮」的基本程式是，在剪下頭髮前先用香薰染，然後剪下約 2 寸頭髮打上結用紙捲起，贈送心愛的人。過去，頭髮都被視同人的生命，如《三國志・魏書・武帝紀》就記有曹操以髮代首的故事，説曹操帶領軍隊路過麥地時，為了安撫民心，命令「大小將校，凡過麥田，但有踐踏者，並皆斬首」。結果曹操自己的坐騎受驚闖入麥田，踐踏了麥子。曹操自行請罪，但謀士郭嘉引用《春秋》「罰不加於尊」為他解圍。曹操遂以髮代首，傳令三軍，「三軍悚然」。中國如此，日本亦然。按照池田彌三郎在《性的民俗志》中的説法，「通過斷髮表明對愛情的忠貞不渝，是民間長久流傳的習俗」。[2]

第三種方式是「拔甲」。即把指甲拔除或「切指」，一般是切下小指，將甲和指贈送戀人。拔甲和切指，尤其是切指，是相當疼痛的「心中立」方式，據説 10 人中有 9 人會疼得失

---

[1] 「權現」原是佛教用語，意為佛菩薩為普度眾生而顯現的化身。日本有神佛融合的傾向，因此神社裏有佛菩薩的化身——權現。

[2] 池田彌三郎：《性的民俗志》，講談社，2004 年版，第 158 頁。

去知覺。所以，在切指的時候，要先備好止血藥、紗布、清醒劑等，然後閉上眼睛一氣切斷。為了防止手指飛出屋外，還必須關門閉戶。據《色道大鏡》記載，大阪有個遊女在某個夏日裏斷指，因用力很猛，手指飛出窗外掉落庭院草叢，始終無法找到。她將這個情況告訴了心愛的男人。但那個男人不信，說她將切下的手指給了其他男人。無奈，這個遊女只得再將一根無名指切下贈送給他，以表明自己根本沒有撒謊。

第四種方式是「刺青（字）」。刺青源於「黥」，最初是懲罰犯人的一種方式。按《嬉笑遊覽》的說法，「以前遊女為了表達真情，往往斷髮切指。現在則仿效俠客，刺青文身。」按《色道大鏡》記述，具體做法是用針或剃刀將對方的名字＋命刺在自己手腕上。「命」和「尊」、「彥」一樣，是加在神的名字後面表示尊敬，如天照大神的父親「伊奘冊尊」、神武天皇的祖父「山幸彥」，等等。因此，對方叫勘兵衛，刺「堪命」，叫十兵衛，刺「二五命」，叫清右衛門，刺「清命」，等等。後來，「命」字被省略，只刺名字。

「問世間情為何物，直教人生死相許」。戀愛至上主義可歌可泣的故事，為中國人所津津樂道。在日本，真實的殉情故事史不絕書。一首叫《隆達》的和歌這樣寫道：「為了你，我願讓浮名付諸流水，和水中垃圾一起沉入河底。為了你，我願臥於皚皚白雪的原野，與你長眠不起。為了你，我願走上獨木小舟，即便墜入深淵，也毫不遲疑。」

被稱為「日本的莎士比亞」的近松門左衛門之所以聲譽卓

著，被視為日本戲劇家中首屈一指的文豪，很重要的原因就是以實際發生的事件為題材，創作了《曾根崎心中》、《冥途飛腳》等感人至深的殉情故事。

《曾根崎心中》根據真實事件撰寫，說的是大阪「平野屋」醬油舖老闆要店員德兵衛娶他姪女。但德兵衛已和妓女阿初相戀，不願答應。但德兵衛貪財的繼母卻收取了老闆的訂金。老闆幾次勸說無效，非常震怒，要德兵衛歸還訂金，並要將他趕出大阪。無奈，德兵衛從繼母處要到訂金，打算歸還，不料他的朋友九平次央求將這筆錢借給他急用，三日內歸還。德兵衛相信了他。熟料，九平次不僅沒有即時還錢，還矢口否認借過錢。德兵衛陷於矛盾和痛苦無法自拔，最後和阿初在連理松下殉情。

《冥途飛腳》根據當時轟動日本社會的真人真事「梅川‧忠兵衛殉情事件」改編。忠兵衛是神戶淡路町「飛腳問屋」（相當於快遞公司）龜屋家的「飛腳」。他深深迷戀大阪新町「井筒屋」的妓女梅川，想為梅川贖身。忠兵衛的朋友八右衛門也迷上了梅川，也想為梅川贖身，兩人成了情敵。一天，兩人在「井筒屋」相見，八右衛門嘲諷忠兵衛沒錢給梅川贖身。被激怒的忠兵衛當即從懷中拿出公家匯兌錢，打開封印，交了贖金。但是，擅自挪用公款在當時是死罪。忠兵衛難逃一死，他的真情令梅川深受感動。最後，他倆相約於忠兵衛的家鄉新口村，在那裏殉情。

近松門左衛門是武士家的次子，在「嫡長子繼承制」的日

本江戶時代，他無法繼承家業，只能以寫作為生。他描述的殉情故事的主人公，男的大都是店舖夥計或小商販，女的大都是妓女，生時很平凡，死得很美麗。他們與其說為情所困，毋寧說為錢所困。近松門左衛門在他的名作《長町女切腹》中，通過甚五郎的妻子表示：「世間很多殉情，因金錢和不幸而留名後世。真正為愛而死的，一個都沒有」。這話未免誇張，但卻不失真實。日本社會有一句諺語「地獄の沙汰も金次第」，譯成中文就是「有錢能使鬼推磨」。

但是，日本也有不少並非窮困潦倒，最後以死殉情的名人。他們生時不平凡，死得很美麗。在現代，日本有多起「轟動日本」的殉情故事。大正時代（1912—1925 年）有島武郎和波多野秋子的殉情，就是一例。

在日本「大正民主時代」，有股以宣揚個性自由為基礎的人道主義思潮。這股思潮以《白樺》雜誌為發表言論的主要陣地，領軍大正時代文壇，代表了「大正的文化概念」，形成了一個非常有影響的文學派別——白樺派。他們宣揚「超階級的人類的愛」，力圖以此來改良社會，建設理想主義社會。著名作家有島武郎就是白樺派文學興盛期的代表人物之一，發表了《一個女人》、《卡因的後裔》等名作。1923 年初春，有島武郎與女性雜誌《婦人公論》記者波多野秋子萍水相逢，兩人墜入情網。有島武郎的妻子已經亡故，但波多野秋子仍是婚姻中人，妻子的婚外戀很快被丈夫波多野春房察覺。當年 6 月 9 日，有島武郎和波多野秋子在避暑勝地長野縣輕井澤的別墅淨

月莊中自縊殉情。他倆在遺書中寫道，「在愛的面前迎接死神的那一瞬間，竟然是如此蒼白無力」，令人唏噓不已。雖屬不倫之戀，卻依舊感人。

松井須磨子的殉情雖然也帶有「不倫」印記，但卻是另一種方式。松井須磨子本名小林政子，是日本名噪一時的話劇演員。她與演員訓練所的前澤成助結婚，但很快與老師島村抱月相戀。但是，島村抱月是有家庭和孩子的。他倆為此被迫離開「文藝協會」，自行創辦了一個叫「藝術座」的劇團，松井須磨子擔任團長。她在托爾斯泰的《復活》、易卜生的《玩偶之家》、梅里美的《卡門》中均出演女一號，廣受讚譽，紅得發紫。1918 年 11 月 5 日，島村抱月因罹患西班牙型流行性感冒而暴卒。松井須磨子為此悲痛欲絕，1919 年 1 月 5 日在劇團道具房內自縊身亡，時年 33 歲。臨死前，她在給自己的哥哥和著名戲劇家坪內逍遙留下的遺書寫道：「我又給你們添麻煩了。我還是要追隨他而去，去那個世界。我懇請將我和他埋葬在一起。」她的心願最終未能獲得滿足，原因不言而喻。但當時的《都新聞》在報道她的「不倫殉情」時，仍為她奉獻了一個很溫馨的標題：《在恩愛的手臂擁抱下安息吧》，並連篇累牘刊載她的生平業績，為她的冥福祈禱。

昭和時代，太宰治的殉情無疑最為轟動。太宰治和川端康成、三島由紀夫一起，被譽為日本現代文學「三駕馬車」。不知是因為冥冥之中的注定，還是偶然的巧合，三位大文豪全都死於自殺。不同的只是川端康成是煤氣中毒自殺，三島由紀

夫是切腹自殺，而太宰治是殉情。1984 年 6 月 19 日，《朝日新聞》正連載太宰治的小說《再見》，人們在玉川發現了太宰治和他的情人山崎富榮的遺體。「太宰治和他的情婦們相約殉情，每次都是情婦死去，而他第五次才成功自殺。」報紙上的這句評論，令人不難感覺太宰治令女性多麼著迷。

第五章

與時俱進的「遊女風情」

「遊女」的「源」和「流」

　　江戶時代不管男人還是女人，大都具備一種「常識」，認為「男人出去遊玩是很正常的事」。因為日本人信奉性的「自然主義享樂」。按照當時的說法，男性「遊玩」，對象應該是「遊女」。如果是和一個沒有經驗的女人「遊玩」，是「撿便宜」（ぼろっ買い），會被人瞧不起。所謂「遊女」，就是娼妓的統稱。在中國，「娼」和「妓」原初是兩種人：以賣身為主的叫「娼」，以賣藝為主的叫「妓」。但在日本，「賣藝」和「賣身」一開始就一身二任、二位一體。她們在古代被稱為「遊行婦女」、「遊君」、「浮女」、「浮君」等。不過，她們最初不是賣身的「娼」，而是賣藝的「妓」。但是，歌舞樂曲能激發情緒，很容易使男女之間互生愛慕之情。由情入性，也就成了必然趨勢。雖然女方最初有獲取財物的目的，但她們對男人並非完全沒有情感投入。對於身份卑微的女性，還有為「取種」而與公卿發生性關係，以自抬身價乃至改變身份之目的。這和純粹為了金錢的賣淫，並不完全等同。但不久「情」與「性」就開始分離，「遊女」作為一種職業和社會階層，開始形成。

　　按照《日本國史大辭典》的釋義，「遊」在古代日語中最

浮世繪中的遊戲場景 窪俊滿 繪

浮世繪中的飲酒場景 窪俊滿 繪

浮世繪中的遊女形象

初意為「狩獵」，後來引申為「表演歌舞樂曲」，進而引申為「邊品味美酒佳釀，珍饈佳餚，邊欣賞歌舞樂曲」。也就是說，酒席間有女性吹拉彈唱或翩翩起舞，稱為「遊」。所謂「對酒當歌，人生幾何」，人生的快樂包含「性」，本是題中之義。因此，「遊」很快轉為指男女之間的「樂事」。

「遊女」最初是什麼樣的女性？概括而言，主要有兩種觀點。第一種觀點認為，遊女產生於「本土」。持這種觀點者，以日本「民俗學之父」柳田國男為代表。柳田國男在《巫女考》中提出，「遊女原初是巫女（神社裏的女官）。她們最初侍奉神、接受神的寵幸，是演神樂、司祭事的女子。由於當時神社多設於交通要道，因此「巫女」常和眾多過客、士兵、遊民交往，並在侍奉神的同時，兼而侍奉人。她們與男性祭拜者媾合，充當他們的「一夜妻」並獲取經濟方面的利益。後來，她們中的一部分人經常遊走於驛站碼頭，「開始作為巫娼尋覓新的生活道路」。第二種觀點認為，遊女的始祖來自於「海外」。持這種觀點者以瀧川政次郎為代表。他在《遊女的歷史》中提出，「最初的日本遊女是來自朝鮮半島的朝鮮漂泊民白丁族」。按照瀧川政次郎的說法，中國魏晉南北朝之際，社會動盪，不少人移居朝鮮半島，其中不乏中國的娼妓。她們身無長物，沒有技能，在朝鮮不得不持操舊業。西元 3 世紀日本英神天皇在位時期，她們進入了日本。因為居無定所，她們只得四處漂泊，靠狩獵和賣身度日。

不管「遊女」起源於巫女，還是起源於朝鮮漂泊民白丁

族，有一點日本研究者的意見較為一致，即日本史上最初有名有姓的「遊女」叫兒島。據史籍記載，聖武天皇在位的天平三年（730 年）2 月，大宰師大伴旅人從九州北部的筑紫返回平城京即奈良，途中他詩贈一個叫兒島的遊女（《萬葉集》卷八）。這個兒島是最初明確見於記載的有名有姓的「遊女」。據明田鐵男記述：「先學諸師的研究論著中均出現的歷史上最初的遊女，是奈良朝聖武天皇的天平二年（739 年）二月大宰師大伴旅人從筑紫回到京城，在水城之鄉與大伴旅人依依惜別，並以歌相贈的遊行婦女兒島……此外，當時作為遊行婦女留有名字的，還有天平勝寶三年（751 年）正月侍奉於大伴家持舉行的宴會的蒲生娘子和豐前的大宅娘子、對馬的玉槻娘子等。她們均是女歌人，在《萬葉集》中也收錄有她們的歌。但是，《類聚名義抄》、《和名類聚抄》等書，均將遊行婦女解釋為『賣色女』、『夜發』等，因此可以認為她們實際上就是遊女。所謂『夜發』，就是以後最底層的娼妓。」[1]

　　酒席上有女性唱歌跳舞助興，自古以來是世界各國的「慣例」，日本並不例外。在 646 年大化改新到奈良時代，達官顯貴舉行宴會時，往往有美女表演歌舞。他們最初是請自己藝能精湛的妻妾進行表演，後來逐漸變成邀請外面相貌姣好、身姿婀娜的美女進行表演。這些美女大都是身份卑微並以此為業的「遊女」，即主要以賣藝為主的女性。雖然稱「遊女」，但和以

---

[1]　明田鐵男：《日本花街史》，雄山閣，1990 年版，第 5 頁。

後的「遊女」即妓女不同。因為，當時她們並不是「明碼標價」地「賣淫」，而是由顧客根據表演者的藝能，饋贈絹絲面料或衣物作為酬謝。這些饋贈的「禮品」被稱為「花」或「纏頭」。所以稱「花」，是因為過去人們贈送錢物時，往往用花枝加以裝飾。所以稱「纏頭」，是因為人們獲贈衣服後往往將其頂在頭上。之後，顧客作為酬謝和表示稱讚贈送給遊女的金錢和衣服等物品也稱「纏頭」。他們有時也贈送稻麥等糧食，作為請遊女賣藝和賣笑的酬金。

除了為富人服務的遊女，也有以庶民為對象即「為人民服務」的「遊女」。「傀儡女」就是這種「遊女」。所謂「傀儡」即被人用綫操縱的木偶。「傀儡子」是操縱木偶即表演木偶的人。據大江匡房的《傀儡子記》所述，「傀儡子者，居無定所，穹廬氈帳，逐水草以遷徙，頗類北狄之俗」。而「傀儡女」則是「唱歌淫樂，以求妖媚。父母夫婿不誡，逢行人旅客，不嫌一宵之佳會」。後來，她們以沿街賣藝獲取觀眾施捨為生，主要表演歌舞音樂和操弄木偶，因此被稱為「傀儡女」。根據西元 938 年即平安時代問世的《扶桑略記》記述，她們胸前掛著「傀儡箱」，往往通過讓「傀儡」表演性行為招攬看客。後來她們直接向客人提供自己的身體獲取生活來源。

平安時代末期即 12 世紀初，被稱為「白拍子」的遊女登上了歷史舞台，並且活躍於整個鎌倉時代。所謂「白拍子」，最初是佛教誦經時沒有管弦樂、沒有抑揚頓挫重音的一種節拍。在日本古代，巫師在神面前表演藝能時也伴以這種節拍。

自平安時代末期，一些女性身穿白色衣服，頭戴黑色高帽，腰佩太刀，女扮男裝，在太鼓、笛子的伴奏下翩翩起舞。這種舞蹈被稱為「白拍子」。「白拍子」大致分為前後兩部分。前半部分合著悠揚的長歌迴旋起舞，後半部分合著急促的節拍熱烈狂舞。高潮在後半段。後來「白拍子」成了她們的代名詞。

關於「白拍子」的起源，目前尚無定論。根據《貞丈雜記》記載，「白拍子」是鳥羽天皇在位（1107—1123 年）時，由太政大臣藤原家輔的女兒和歌前與島千歲兩人創始的。但根據《江戶雀》的記載，平安時代的著名學者、僧侶藤原通憲在後鳥羽上皇的院廳，讓磯禪師教宮女們跳「白拍子」，是「白拍子」的起源。磯禪師有個非常漂亮的女兒叫靜御前，她和織田信長的妹妹織田市、明智光秀的女兒細川玉子，並稱「日本三大美女」。靜御前是當時著名的「白拍子」。關於她的美麗，日本有一個傳說：天氣久旱，祈禱無效。有人向朝廷建議，雨神喜歡美女，應立即召集 100 個美女，為雨神跳「白拍子」。朝廷採納了這個建議。99 個美女先後跳了「白拍子」，但雨神仍不為所動。直到最後靜御前翩翩起舞，雨神終被其美貌和舞姿征服，下起瓢潑大雨，使大地久旱逢甘霖。不管「白拍子」如何起源，後來這些舞者被召至酒宴「助興」，並且在酒後被召至枕席旁「助性」，是她們被視為「遊女」的主要理由。

平安時代末，日本進入平清盛和源賴朝互爭雄長的「源平爭亂」時期。平家的一些女官被迫移居山野。她們在那裏搭建起小屋，以賣花為生。但僅此難以維持生計。於是，她們便

從「賣花」變成「賣身」。她們住的小屋門口掛有簾子。平時掀起，有客人來則垂下。以後遊女屋都掛有簾子，追根溯源，就是從那時候開始的。因為這些人以前都是有身份有地位的女官，因此被稱為「上﨟」。以致「上﨟」後來也成了「遊女」的代名詞，而且湊巧的是，日語中「上﨟」和「女郎」諧音，都讀「じょうろう」，作為「遊女」代名詞的「女郎」也因此產生。

　　當時還有一種「遊女」叫「長者」。「長者」原本是指氏族的族長，他們往往也是當地的富豪。他們和遊女有什麼關係？當時雖然在旅途上有驛站以方便人們出行，但驛站少有令達官顯貴滿意的居所。因此，達官顯貴出行，往往下榻於「長者」的私宅。對於「長者」來說，這也是和達官顯貴結緣的良機，因此非常樂於接待。他們不僅侍以美食，而且侍以美女。根據記述當時歷史的重要史料《吾妻鏡》記載，鎌倉幕府初代將軍源賴朝的父親源義朝出行時，多次下榻於「長者」江戶太郎的私宅。江戶太郎每次都熱情招待，不僅白天讓相貌姣好的「遊女」在酒席上為源義朝表演助興，而且晚上還讓「遊女」侍奉於枕席之間「助性」。有時找不到相貌較好的「遊女」，直接讓自己的妻女上陣。為了應付達官顯貴的不時之需，很多「長者」便在自己家裏常備有詩歌管弦嫻熟和精於床笫之歡的「遊女」。久而久之，「長者」成了「遊女」的代名詞。

　　若不是達官顯貴，則難以享受「長者」的招待，只能享受「室君」的招待。所謂「室君」，最初是在舉行祭祀的時候，

在船上為祈禱國泰民安而起舞的巫女，後來逐漸變成在固定的港口碼頭的室內接待旅客的「室君」。旅客在船艙狹小的空間晝夜航行，自然相當枯燥。因此到了港口碼頭，往往會上岸尋歡作樂，在遊女的屋子裏徹夜玩耍，早上返回船內。如果遇到惡劣天氣難以啟航，還會在「室君」的屋子裏待上好幾天。對依然留在船上的旅客，還有人划著小船讓「室君」上門服務。

說起划著小船上門「服務」，當時還有一種專門提供這種「服務」的船。這種船在各地的叫法不同，有的稱「朝妻船」，有的稱「筑紫船」，還有的稱「熊野船」，等等。要說著名，尤以「朝妻船」為最。「朝妻船」原是指往返於近江國（滋賀縣）阪田郡朝妻港和琵琶湖之間的一種小船，小船上乘有「遊女」。因為這條水道是連接各處的交通要道，往來船隻很多，因此「遊女」的「生意」相當不錯，影響也日益擴大。不過，真正使「朝妻船」廣為人知的，是江戶時代的畫家多賀長湖。多賀長湖性格狂放，一次居然將德川幕府第五代將軍德川綱吉的寵妾畫入《百人女臚》。把將軍寵幸之人歸入「遊女」之列，明顯有諷刺意味。多賀長湖因此而獲罪，所幸未被砍頭，而是被流放至三宅島。被赦免後，他改名英一蝶，畫了一幅戴烏帽穿白衣的「白拍子」乘坐在小船上的畫，取名《朝妻船》。從此，「朝妻船」名聞遐邇，也因此成了「遊女」的代名詞。到了江戶時代，這種船上的遊女被稱為「船饅頭」。

「遊女」中除了待在屋裏的「室君」，還有站在街頭的「立君」。所謂「立君」，就是披著頭巾，戴著斗笠，黃昏時刻站

在十字路口招呼和引誘男人的「遊女」。當然，也有找上門去的客人。當年有一幅畫描述客人登門的場景：畫面上有四個人，其中兩個年輕人一個拿著武士的長太刀，一個舉著照明的火把。武士則站在「立君」家門口和「立君」進行交易。顯然，若一切談妥，他會走進這個「立君」家，否則將另覓他處。江戶時代，江戶的「夜鶯」、京都的「辻君」、大阪的「總嫁」，都是「立君」的後輩。

（二）

江戶時代「繁榮娼盛」

　　根據心理學的研究分析，戰爭和女性是不可分割的連體兒。在日本江戶時代「元和偃武」即 1615 年以前，日本戰亂不止。因此，那時候有不少「遊女」是「隨軍遊女」。她們中有的是自願的，有的則是被強徵的。根據《平家物語》和《原平盛衰記》記載，在 1180 年 11 月源賴朝和平清盛互爭雄長的關鍵之戰——富士川合戰，源賴朝表面上擺出欲與平清盛決戰的陣勢，暗地裏卻令武田信義率軍迂迴偷襲平清盛軍營帳。武田信義率軍經過沼澤地時，驚動了棲息於沼澤地的野鴨。野鴨受驚，鳴叫紛飛，「羽音編成軍勢之狀」。當時平清盛手下的軍隊正大擺宴席，請隨軍「遊女」助興喝「花酒」，見敵軍來勢兇猛，聲勢壯大，慌忙撤退，混亂中大量「遊女」被踩死。源氏軍隊不戰而勝，渡過富士川佔得先機，為鐮倉幕府的建立奠定了重要基礎。

　　江戶時代是長達 250 多年的和平年代，歌舞昇平，隨軍「遊女」日漸減少。以「賣藝」為名，以「賣身」為實的「兩面人」則日益增多。幕府方面制定的《大阪府遊女規則》，就是給那些「一身二任」的藝人定下的規矩。但是之後，「藝」

葛飾北齋 繪

歌川國貞 繪

容日日繪

歌川國貞 繪

歌川國貞 繪

和「妓」開始分化，並在官方用語中得到明確體現。例如，江戶幕府的《藝娼妓及席貸營業規則》就是明顯例證。概括而言，藝伎是為客人「助興」的，而娼妓則是為客人「助性」的。因此，當時的「藝伎」不能寫作「藝妓」。同時，作為娼妓的「游女」，也被稱為「女郎」。根據《賣春婦異名集》記載，在1789 年至 1800 年，即江戶時代的寬政年間，「太夫」即最高等級的「遊女」稱「傾城」，其餘「遊女」均稱「女郎」。江戶時代的「女郎」服務場所不同，「種類」也不同，但概括而言，無非屬「老兵新傳」或「新兵入伍」兩大類。

「風呂屋女」即澡堂子裏給客人搓澡除垢、洗髮梳頭的「女服務員」，如本書前面已有點觸，源遠流長，顯然屬「老兵新傳」。但是，她們正式作為「性工作者」開展活動，則遲至江戶時代的寬永年間即 17 世紀 30 年代。據《異本洞房語彙》記載，「自大約寬永十三年（1636 年），町裏出現諸多『錢湯』，內有『湯女』，晝夜經營。」當時，每個「錢湯」有 20 至 30名「湯女」為客人服務。為什麼「町裏出現諸多『錢湯』」？主要因為歌舞伎女演員賣藝賣身兩不誤，甚至主次顛倒，導致社會風紀敗壞。幕府為整肅社會風氣，發佈禁令，規定歌舞伎一律不得有女演員登場。「錢湯」經營者當即發現，這是「拾遺補缺」的機會，於是便讓「湯女」兼營「特殊服務」。這種「明修棧道，暗度陳倉」的花招，自然逃不過密探遍地的幕府法眼。幕府一怒之下，乾脆「一鍋端」，於慶安元年（1648 年）頒佈法令，取締「錢湯」。但這種「因噎廢食」的做法，對庶

民生活影響甚大，引起公眾不滿，難以為繼。3 年後，幕府不得不再次頒佈法令，允許「錢湯」經營，但做出幾項規定：一是規模不得超過一個門面；二是不得將「湯女」帶出「錢湯」；三是禁止為「湯女」提供「中介」服務。但「道高一尺，魔高一丈」，視幕府規定為「空氣」的「錢湯」不少。明曆三年（1657 年），幕府一舉取締了江戶共 200 多家「錢湯」，將那裏的「湯女」全部集中到官許的遊廓「吉原」。

　　特別需要指出的是，「湯女」不僅在屬高消費區的溫泉從業，而且「深入群眾」，在收費低廉的「錢湯」和「風呂屋」為民眾服務。這種深入基層的「湯女」稱「搔垢女」。據《守貞漫稿》記載，有「湯女」和「搔垢女」的「錢湯」和「風呂屋」遍佈城鄉，僅江戶就有 200 多家。每個「錢湯」或「風呂屋」有「湯女」20 人至 30 人不等，總數達 5000 人之眾。她們的服務程式和「前輩」並無不同，即先為客人除垢洗頭，然後將客人請到二樓，端出酒菜招待。待酒過三巡，菜過五味，半推半就，漸入佳境。她們除了能給予男人生理的滿足，還是男人傾訴內心苦悶的極佳聽眾，因而能給予男人心靈的慰藉。也正因為此，「錢湯」和「風呂屋」作為男人能夠放縱身體和敞開心扉的休息娛樂場所，在江戶時代迅速普及。湯女們中間也出現了一些名人，其中最著名的一位叫勝山。《異本洞房語園》對勝山有如下記載：「勝山頭戴斗笠，身著褲裙，腳穿草履，腰佩木刀。她風姿綽約，舉手投足神似歌舞伎演員。她邊歌邊舞，令客人傾倒。」勝山的髮型被稱為「勝山髻」，為當

時和後世女性仿效。

除了「洗澡水」,「喝的水」也會有濃濃「風情」。現代日語中有一個詞叫「水商賣」(日文寫作「水商売」)。關於這個詞的由來有幾種說法,一說「水商賣」是指從事的職業收入和前景均如流水一般不確定,收入受各種外在和自身因素影響。一說「水商賣」是從以女性陪酒為買賣的「水茶屋」演變而來。一說酒館的女店主信奉蛇神(蛇在地支中為巳),被稱為「巳さん」。「巳」和「水」發音相近。總之,「水商賣」作為風俗業範疇正式被普遍認知和廣泛接受,是在江戶時代;真正普及則是在昭和時期。

水為何與「遊女」結緣?因為日本有很多神社寺廟,在長期和平的江戶時代,前往參拜者很多。於是,各地逐漸出現了供參拜者休息、喝水的「水茶屋」。最初的「水茶屋」大多設施簡陋,而且僅供應茶水和點心。有的「水茶屋」有被稱為「茶汲女」或「茶點女」的女服務員端茶倒水,並表演歌曲、舞蹈招待客人。有年輕漂亮女服務員的「水茶屋」,生意當然比較興隆。「水茶屋」老闆見這是條生財之道,紛紛仿效,並且開始對旗下的「茶汲女」進行針對性訓練,用以招攬生意。於是,很多「茶汲女」逐漸變身為「茶妓女」。在「水茶屋」附近還有「會面茶屋」(日語叫「待合茶屋」)。這種茶屋一般面積不大,但裝飾得相當雅致。在這裏,客人可以和被他帶來的「茶汲女」飲酒作樂,玩得「盡興」和「盡性」。

江戶時代實行「參觀交代」,即各地大名必須在規定的一

段時間裏留在江戶，名義上幫助幕府將軍執行政務，實際上幕府是擔心「尾大不掉」危及幕府統治，對大名實施監視。「參覲交代」使每個大名平均在江戶和在自己領地的時間各佔一半。由於他們及其隨從要往來於領地和江戶城之間，同時由於江戶時代商品經濟日趨活躍，因此，在各交通要道上便出現了一些「宿場」（旅館）。「宿場」配有人數不等的「宿場女」和「飯盛女」。只要有錢，「宿場女」可以陪宿。同樣，只要給錢，「飯盛女」不僅能滿足客人的食欲，而且可以滿足客人的性欲。日本有句諺語：「人在旅途無廉恥」，即平時循規蹈矩的日本人，在旅途上會變得「寡廉鮮恥」。因為，很多日本人循規蹈矩，不是受內在道德律約束，而是受他人評判的約束。沿途的宿場往往充滿「風情」。當時著名的宿場有「東海道四宿」，即位於進出江戶的門戶品川的品川宿、板橋宿、千住宿、新宿，等等。日本東京四大紅燈區，就是從那時候發展起來的。讓「宿場女」陪宿的價格是一晚上 300 文到 600 文不等。這些錢如果用來買米，可以買 1 斗半到 3 斗。對大名及其家臣來説，幾乎算不上開支。

除了「水茶屋」，「料理茶屋」在江戶時代也頗具「風情」。按字面理解，「水茶屋」提供茶水，而「料理茶屋」不僅提供茶水，而且提供料理。這本是「料理茶屋」的原意。但是，「飲食男女，人之大欲存焉」。「飲食」和「男女」在日本似乎從來「形影不離」。江戶時代逐漸發展起來的「料理茶屋」，除了提供「料理」，還提供「男女之事」的服務。那麼，「料理

茶屋」除了滿足「飲食」這一人之大欲外，究竟是如何滿足「男女」這一「人之人欲」的呢？實際上，「料理茶屋」本來做的就是「掛羊頭，賣狗肉」的生意。很多「料理茶屋」連個廚師都沒有，客人所需要的料理都是從別的料理店叫的「外賣」。同時叫「外賣」的不僅是「料理」，還有應召的「遊女」。也就是說，「料理茶屋」本身就是個茶屋，做的是「水商賣」的生意。那些應召的「遊女」有的也是「藝人」，只是她們主要不是「賣藝」，而是「賣身」。這種藝人當時被稱為「転芸者」。「転」是日語漢字，意為「躺倒」。也就是說，她們既站著賣藝，如彈奏三弦，表演歌舞，也躺倒賣身。

秘密賣淫的私娼在日本古已有之，但真正形成規模和氣候是在江戶時代。江戶時代，有一種秘密賣淫的娼妓，她們沒有統一稱呼：在江戶被稱為「地獄」，在京都和大阪被稱為「白湯文字」，在名古屋被稱為「百花」。為什麼叫「地獄」？據《近世風俗志》記載，這種生活在社會底層的賣淫女被稱為「地者」。由於「地者」以極隱秘的方式賣淫，所以又被稱為「地極」。「地極」和「地獄」諧音，轉而被稱為「地獄」。「白湯文字」則因為這種娼妓都穿著蔥白色的「湯文字」。「湯文字」又叫「腰捲」，顧名思義，既不是內褲，也不是裙子，只是圍在腰間遮羞。

江戶時代還有一種生活在社會底層的娼妓，關東叫「夜鶯」，關西叫「總嫁」。稍有不同的是，「夜鶯」一般都是露天直接鋪蓆「野戰」，「總嫁」則往往在簡陋的小草房裏賣身——

好歹也能稱作「房事」。她們有的還是有丈夫的「人妻」。除此之外，江戶時代還有名目繁多的各種私娼，幾乎難以盡述。《浮世草子》、《風流徒然草》、《娘氣質》、《羈旅漫錄》等，對此均有描述和記載。

明治維新後流行「曖昧」

　　從明治初年到昭和初年，在東京都台東區的淺草公園，有
個遊客休憩區域。那裏不僅有湖，有樹，還有乞丐。乞丐大都
是男性，但其中也有女性。這些女性有的曾經是武士的妻子
或女兒。為什麼會淪落至此？因為在 1868 年 10 月 17 日，後
成為明治政府第一任首相的伊藤博文，提出了《統一兵權之
建議》。根據這一建議，1872 年 12 月 28 日，明治政府頒佈
了《徵兵告諭》，仿效西方施行徵兵制，打破了武士的「鐵飯
碗」，使武士不再是「坐」食俸祿之士。如此一來，部分武士
的妻女因為沒有了穩定的生活來源而淪為乞丐。漸漸地，她們
中的有些人便幹起了賣淫的勾當。在淺草公園，她們往往「因
地制宜」，將公園裏的椅子當「床」。如果對方願意出個好價
錢，她們也會和遊客變身嫖客的男人一起，去附近的旅館開
房。她們屬非法的私自賣淫，警察發現是要抓的，因此催生了
一種新的職業——「望風者」，日語叫「見張役」。這種男人
大都是黑社會中混得不好的落魄者，有時甚至還是女人的情
夫。不管什麼關係，通常都是「二八分成」。賣淫女拿八成，
「見張役」拿二成。

1887 年前後，她們中間出現了一個叫宿無御勝的美女。她原本是日本最著名的「遊廓」吉原的「遊女」，因為感染了梅毒而遭人嫌棄，無法再接客，被迫加入「乞食賣淫女」的行列，最後死在淺草公園。1897 年前後，那裏還有一個叫「土手御金」的「乞食賣淫女」，也長得非常驚艷。她是德川幕府下一位家臣的女兒，原本過著錦衣玉食，有婢女伺候的尊貴生活，隨著武士階級的解體，家道淪落，在 16 歲時被家裏賣給一家「酒屋」當「酌婦」，即陪酒女郎。後來，她自暴自棄，輾轉各家酒屋賣淫。在 30 歲以後回到了東京，依然幹著以往的營生，曾 70 多次出入警署。「土手御金」直到 50 歲出頭依然風韻猶存並以此為生；63 歲時終因年老，無以為生，在一個觀音堂旁邊沒有人的地方氣絕身亡。

　　大正時代出版的雜誌《文藝俱樂部》，有關於淺草的「曖昧屋」的介紹。所謂「曖昧屋」，根據《廣辭苑》的釋義：「表面上是料理店，實際上配有賣春婦」。「稱料理店為曖昧屋，是因為店裏還備有內室，專門有藝妓或臉塗得雪白，被稱為『白首黨』的低級妓女等候在那裏接客。她們藐視禁止私自賣淫的規定，而是將料理屋當作宿場。所以叫『曖昧屋』就是因為這個緣故吧。」[1]

　　明治時代還有一種叫「銘酒屋」的酒館，按照《廣辭苑》的釋義，「表面上供應名酒，暗地裏藏有私娼的酒店」。「銘酒

[1]　笹間良彥：《圖錄性的日本史》，雄山閣，1996 年版，第 183 頁。

屋」一般都相當狹小，只有 4 平方米到 6 平方米左右，屋裏擺放著桌椅，桌上放著四五個瓶子，瓶子上貼著「葡萄酒」、「啤酒」、「威士忌」、「白蘭地」等標籤，但那僅僅是擺設，因為那都是些空瓶子。裏面時而坐著客人，給人的感覺都是些「土包子」，根本不像喝「威士忌」、「白蘭地」的客人。他們手裏握著酒杯，酒杯裏對他們來說是什麼酒不重要，因為，他們到這裏來本就不是喝酒的，即便醉了也是「醉翁之意不在酒」，而是在意陪他們喝酒的女人。説到底，「銘酒屋」只是個幌子，真正的生意不是賣酒，真正的生意場也不在一樓，而在二樓或附近的某間小屋。這種「酒屋」都僱有陪酒女，收益分成一般是店主七成，陪酒女三成，也有五五分成。

除了料理店和「銘酒屋」，還有一些食品雜貨店，也是「曖昧屋」。這種店的店頭擺放著點心麵包、香煙糖果等。這種店大都由女性經營，因為她們的丈夫在工廠幹活。如果有客人來，老闆娘會將客人帶往二樓，並先高聲喊叫：「大媽在嗎？」這是暗號，意思是「有客人來了」。聽到喊聲，大媽如果應答：「在，請上來！」意思是這邊房間空著。如果反問「您是哪一位？」説明「這裏已經有客人了」。女老闆要麼讓客人等候，要麼帶客人去其他房間，並重複一樣的「台詞」。夜闌人靜的時候，在這些小店裏有時會傳出「您辛苦了！」這是有專門販賣被褥等床上用品的商販送貨來了。第二天一早，左鄰右里就會竊竊私語，説誰家看來生意不錯，又換被褥了云云。但凡有這種營生的小店，即便店面破爛簡陋，老闆和老闆娘也能

過上比一些做正經生意的大店舖的老闆更體面的生活。有的旅館也被稱為「曖昧屋」。這種「旅館」不是以住宿為主，而是以經營「鐘點房」為主，並設有「會談室」、「休息室」。

　　進入明治時代以後，在文明開化方針指導下，報紙、雜誌等近代媒體紛紛問世。1870年12月，日本最早的日報《橫濱每日新聞》創刊。1872年2月，《每日新聞》的前身《東京日日新聞》創刊。1874年《讀賣新聞》創刊後，報紙開始從以政論為重點，轉向以新聞報導為重點，同時刊載讀者喜聞樂見的娛樂內容。1876年，日本最早的雜誌《西洋雜誌》創刊。雖然今天的各大報紙當時已紛紛問世，但並沒普及到民眾家庭。因此，順應民眾需求，橫濱首先出現了免費為民眾閱覽報刊提供便利的「新聞雜誌縱覽所」，其他城市也很快出現了這種「新生事物」。「新聞雜誌縱覽所」裏有女服務員提供服務，只是令人百思不得其解的是，她們都濃妝艷抹，直到過了一段時間後，人們才恍然大悟。原來，光顧「新聞雜誌縱覽所」的大都是知識分子。後來，很多文盲和半文盲也時常光顧縱覽所。他們不是來看報的，而是來看女服務員的。再後來，那裏成了「拈花惹草」的男人的集合場所。他們先和女服務員談妥價碼，然後將她們帶到附近的「曖昧屋」。由於「新聞雜誌縱覽所」兼有了這種「拉皮條」的功能，很快在都市特別是在東京普及。在一些繁華熱鬧的街區，必有這種「新聞雜誌縱覽所」。走進這種「縱覽所」，通常看到的光景是，有的讀者雖然手裏拿著報紙或雜誌，可眼睛卻在東張西望。有的讀者在和

女服務員搭訕。總之，沒有一個人在認真閱讀。而且，「縱覽所」裏要那麼些女服務員做什麼？都有哪些事需要她們忙活？答案其實很簡單，一旦有讀者象徵性地拿起報刊雜誌，她們嘴裏就發出像老鼠叫一樣的「吱吱」聲。這是為了吸引「讀者」的注意力。到了晚上，她們更是直接站在門口招攬「生意」。後來，也有女性光顧「縱覽所」，她們也不是去閱覽報紙雜誌的，而是去「招蜂引蝶」。也就是說，「縱覽所」成了她們「拉客」的場所。這種暗娼一般都有僱主，賺取的錢要向僱主繳納名為「手續費」的保護費。進入 1910 年代即大正初年，由於警方多次加以取締，同時也因為報紙雜誌進入了民眾家庭，這種「新聞雜誌縱覽所」日趨式微，但是，在東京淺草，仍存在著幾處名不副實的「縱覽所」。直到昭和年代，「新聞雜誌縱覽所」才正式關張。

明治時代，日本出現了一種叫「射擊屋」的娛樂場所。說是「屋」，實際上是在神社寺廟舉行法事時，沿街臨時搭起的帳篷。遊客用氣槍射擊偶人、香煙等獎品。經營「射擊屋」的大都是較年輕的女人。有些退伍或身著便裝的現役軍人，偶爾會在那裏湊熱鬧，露上一手。由於日本資源匱乏，為了減少損耗，軍人用的是單發步槍，對射擊要求甚高，經過專門軍事訓練的他們，槍法自然非同一般。但到後來，他們的射擊目標不再是那裏的獎品，而是擺放獎品的女人。他們在這方面的「命中率」也不低。因為，他們能夠將女主人帶去附近的「曖昧屋」。這種「交友」方式很快得到仿效。於是，和女主人一起

去「曖昧屋」的不再主要是現役或退役軍人，而是普通百姓。因為這方面的收益遠勝於「射擊屋」，於是女主人便「僱用」其他女性一起經營。「射擊屋」也因此成為一些男人的「獵艷場所」。按照日本文獻資料中的説法，成為「賣淫交易所」。

明治以後成為「賣淫交易所」的，還有原本比較高雅的場所——圍棋會所。江戶幕府壽終正寢後，沿襲兩百多年的「石高制」（俸祿以多少石糧食為計算單位）也被徹底廢除。明治政府轉而對武士進行了所謂「秩祿處分」。「秩祿」即俸祿，「處分」即處理，主要措施是根據武士的不同級別，發給相應的公債。公債分 5 年至 14 年償還，利息為 5% 至 7%。下層武士靠公債利息很難維持生計——這也是當年很多武士「造反」的原因。有些武士將自己房屋的一部分闢為「圍棋會所」，攬客做生意。這種「生財之道」很快得到普及。「圍棋會所」和「銘酒屋」、「宿場」等不同，不屬「風俗場所」，不僅不需要繳納月稅和年稅，而且不需要在警察局報備並接受警察「臨檢」，而對賣淫的取締必須抓「現行」。由於「圍棋會所」不會遭到罰款三次必須停止營業的處分，而且即便有「女棋手」在「曖昧屋」被抓，「圍棋會所」也可以稱那是來弈棋的女客人，將責任推得一乾二淨。於是，一些圍棋會所紛紛配備「女棋手」，並且使「手談場所」變成了「交談場所」，且「交談為主，手談為輔」。何況有些「女棋手」幾乎不會下棋。她們在「下棋」時對客人秋波暗送，語言挑逗，甚至故意顯露「女性特徵」，使客人心旌搖曳，無心對弈，繼而主動提出額外

「服務要求」。這本來就是「女棋手」的欲求，於是附近的「曖昧屋」生意日漸興隆。真正到「圍棋會所」來下圍棋的反而被稱為「樸念仁」（日語，意為「榆木腦袋」）。到大正年代，這種「圍棋會所」更如雨後春筍。

咖啡原產於埃塞俄比亞西南部的 Kaffa。13 世紀埃塞俄比亞軍隊入侵也門，將咖啡傳至阿拉伯世界。1683 年，一個曾經在土耳其生活過的波蘭人，在被奧地利軍隊擊退的土耳其軍隊的營房中，發現了一袋咖啡，於是便拿回家去開了世界上第一家咖啡店。後經由德國人西博爾德傳入日本。1888 年，東京上野出現了日本第一家咖啡館——「可否茶館」，此後咖啡館迅速普及，成為人們的休憩和社交場所。漂亮的「女給」（女招待）不僅成為咖啡館的「標配」，而且和電話接綫員、公交車售票員一起，構成女性的專屬職業。在日本，「酒和女人」歷來是多數男人的最愛。自然而然，「女給」成了「給」男人快樂的「女」人，並成為「賤業婦」中的一員。到大正年代，酒「喧賓奪主」成為咖啡館的主要飲料。在咖啡館點咖啡喝，被視為「鄉巴佬」。貧寒家庭出身的「女給」為了多掙錢，也時常跟隨客人外出，與「銘酒屋」的「酌女」一樣，成為「夜場工作者」。咖啡館和酒吧之間的界綫逐漸模糊。

（四）

戰後「盼盼女郎」的「防波堤」

　　1946 年 9 月 29 日，《每日新聞》刊登了一封讀者來信。寫信的是一位 21 歲的女性，她敘述了自己在東京上野車站地下通道中的遭遇：「我住在那裏，順便找工作。但是，我找不到任何工作。連續三天，我什麼也沒吃。第三天夜裏，一個陌生男人給了我兩個飯糰。拿到飯糰，我狼吞虎嚥吃進了肚子。第二天夜裏，他又帶給我兩個飯糰。之後，他提出帶我去公園，說想跟我聊聊。我答應了他的要求。我就是在那以後淪落為遭人鄙視的『夜女郎』的。」

　　「夜女郎」的歷史相當悠久。在江戶時代，專門在夜晚勾搭男人的叫「夜鶯」。她們年少的十五六歲，年長的四十多歲。年齡大的「夜鶯」不僅有因為年老色衰被迫離開妓院自行謀生者，也有已嫁為人妻，因為貧窮而將當「夜鶯」作為「兼職」者。江戶有一種「夜鶯屋」，專門幫「夜鶯」承接生意並提供保護，而且和「夜鶯」訂有契約。阿部弘藏的《日本奴隸史》第十章，將她們歸於「近世（江戶時代）的奴隸」。按照書中的描述，她們攬客的聲音讓人感到哀憐。

　　戰後初期，還有一種站街女被稱為「盼盼女郎」（日語寫

作パンパンガール），《日本國語大辭典》的釋義是：「賣春婦。特指二戰後為佔領軍提供性服務的女性」。關於「盼盼女郎」這種稱呼的由來，迄今說法不一。一說是源於法語「pimpant」（意為「嬌艷、漂亮」）；一說是士兵尋找娼妓敲門時發出「乓乓」的響聲；一說是飢腸轆轆的日本女性用性服務換取パン（pan 麵包，源於葡萄牙語）。但比較可信的是神崎清的說法。他在《盼盼語源考 —— 塞班島是發祥地》一文中指出，一戰期間，日本水兵佔領當時屬德國領地的塞班島後，要求當地女性提供性服務。他們一邊拍手，一邊叫「盼盼」。而「盼盼」是中文「抱抱」的訛誤。日本兵在中國招妓時，就是這麼叫的。塞班島成為日本委任統治地後，那裏的人們俗稱娼妓為「盼盼女郎」。1944 年 7 月美軍佔領塞班島後，「盼盼女郎」成為美軍士兵用語並被帶到了日本。

由於戰後食品和日用品供應短缺，在美軍基地周圍，時常遊走著這種賣淫女。當時，有一種向軍人及其家屬供應物資的軍人服務社（英文名稱是 Post Exchange，縮寫 PX）。東京銀座的和光百貨店和松屋百貨店大樓，以前就是最大的「軍人服務社」。盼盼女郎以自己的「肉體」換取駐日美軍官兵的「肉罐」，當然也換取其他食品和日用品，然後倒賣給黑市商人。在銀座大道上，人們白天可以看到她們和佔領軍官兵手把手逛街，晚上可以看到她們和官兵「討價還價」的身影。

1947 年 4 月，日本電台播出了對一個「盼盼女郎」的採訪錄音。她說：「做妓女當然不好。但是戰爭給我們造成了災

難。我既沒親戚又沒工作，讓我們怎麼活？」這確實是一個很坦誠、令人難以回答的問題。當時有一張相當著名的拍攝於有樂町的「盼盼女郎」的照片，她身著西式服裝和裙子，穿著高跟鞋，燙著捲髮，手裏拿著一支煙。這張照片被冠以一首著名歌曲的標題《誰讓我變成了這樣的女人？》。身著西服，是她們為西洋人服務的標誌。而燙捲髮在戰時屬「敵國風俗」，曾被嚴加取締。

「盼盼女郎」的大量出現，還有一個很重要的原因，即應對數十萬盟國佔領軍官兵龐大的性需求。由於私自賣淫是違法的，因此也有「盼盼女郎」被警察逮捕。在接受聆訊時，她們振振有詞地説：「正因為我們築起了犧牲的防波堤，才使得良家婦女免遭佔領軍官兵的蹂躪。」她們之所以振振有詞地發表這種似是而非的言論，是因為當時一些傳言鬧得人心惶惶：「敵人一旦登陸，就會逐個凌辱婦女」。由於日本軍人在二戰期間大肆凌辱佔領區女性，強迫別國女性充當「慰安婦」，因此日本人擔心美軍會對日本女性「實施報復」。這種流言的傳播者，不少就是戰時對異國婦女的施暴者。警方一份內部報告書這樣寫道：「那些談論掠奪和強姦，鬧得人心惶惶的人，很多就是從前綫歸來的退役軍人。」[1] 儘管是流言，但也引起了日本政府的高度重視。1992 年，日本學者小林大治郎和村瀨明出版了一本書，題為《未被知曉的國家賣春命令》，揭示了

---

[1] 粟屋憲太郎編：《資料・日本現代史》第 2 卷《戰敗後初期的政治和社會》，大月書店，1980 年版，第 220 頁。

一段鮮為人知的史實。

1945 年 8 月 21 日，遭受過狂轟濫炸的東京市中心到處是瓦礫。矗立在瓦礫堆裏的國會議事堂顯得格外醒目。國會議事堂後面是永田町首相官邸，日本內閣在官邸的一間密室裏正舉行會議，聽取從馬尼拉盟軍總部趕回東京的參謀本部次長河邊虎四郎中將的彙報。河邊虎四郎的皮包裏鼓鼓囊囊地塞滿了盟軍嚴苛的命令和要求。每一項命令和要求均不容懈怠。在河邊虎四郎逐項彙報時，副首相兼內務相近衛文麿，突然提出了一個和會議議程無關的問題：「如何使『大和撫子』（按：表面柔弱、內心堅強的日本女子），免遭處於性飢渴狀態的盟軍士兵的蹂躪？是否必須採取緊急對策？」近衛文麿這麼說是有「歷史依據」的。1859 年橫濱開港後，最先順應時代變化的是「遊廓」。「神風樓」、「岩龜樓」、「五十鈴樓」、「神國屋」……很快鱗次櫛比，面向外國人的各式風情驟然呈現。河邊虎四郎回答說：「盟軍的軍規相當嚴格。據說在沖繩，有的士兵因強姦婦女被判了 10 年徒刑。在歐洲大陸，盟軍中去向不明的軍人，大約有半數是因為強姦婦女被就地處決的……」。他話還沒說完，就被近衛文麿打斷：「不行，必須儘快做出妥善安排。」於是，與會者立即就如何做出「妥善安排」，使「大和撫子」免遭蹂躪，展開了激烈討論，並取得了基本共識：建立慰安設施。河邊虎四郎說：「或許，我們主動提出建立慰安設施，美軍也不會接受」。但最終內閣仍決定成立專門為盟軍服務的「特殊慰安設施協會」，英文名稱則是 "Recreation and

Amusement Association"，縮寫為 R.A.A。根據內閣決議，內務省警保局長馬上向全國各警察署長發出密令：「各警察署署長必須對性的慰安設施、飲食設施、娛樂場所、咖啡館、舞廳等場所的營業進行積極指導，迅速充實必需設施，徵集必需的女子，首先徵集藝妓、公娼、女招待、陪酒女、私自賣淫的慣犯」。[1] 最後，被徵用和自願報名者為 1360 人。

1945 年 8 月 26 日，協會正式掛牌。翌日，全體成員在皇居前廣場舉行就職儀式，集體宣讀誓詞：「信念引領我等勇往直前，以幾千名『昭和的阿吉』之獻身，築起一道阻擋狂瀾的防波堤，共同護持培養民族的純潔，為維護戰後社會秩序之根本，甘當地下之柱石……我等絕非向佔領軍獻媚。我等並未有損氣節或出賣靈魂。我等只是盡不可免之禮儀，履行條約規定的我之義務，為社會之安寧做出貢獻。我等敢大聲直言，是為維持國體挺身而出。重申此言，以為聲明。」[2] 令人啼笑皆非的是，明明從事不堪的營生，誓詞卻像神風特攻隊員出征時那樣義無反顧。

第一家隸屬該協會的慰安所開張時，美國大兵排成了長長的隊列，場景相當壯觀。由於供不應求，慰安場所不斷增設，慰安婦不斷增加。儘管慰安所頗受佔領軍士兵歡迎，但是，1946 年 3 月 27 日，根據盟軍總部的指令，「特殊慰安設施協會」被迫關閉。因為美軍發現，該「協會」所屬的慰安婦有大

---

[1] 小林大治郎、村瀨明：《未被知曉的國家賣春命令》，雄山閣，1992 年版，第 5 頁。
[2] 東京戰爭殘跡夜市記錄會編：《東京黑市興亡史》，草風社，1978 年版，第 201 頁。

量性病病菌攜帶者。被抽查的美國某海軍部隊，竟有 70% 的官兵染上了性病。盟軍總部對此大為惱火，認為日本人故意採用這種方法進行「床上作戰」。但日本反唇相譏，説美軍是「性病進駐」。究竟誰傳染給誰？雙方各執一詞，成了真相不明的「羅生門」。

雖然是「羅生門」，但是日本試圖以「色情」瓦解美軍戰鬥意志，卻有案可尋。二戰期間，作為 NHK「對敵謀略廣播」，日本一個葡萄牙人的妻子戰時以「東京玫瑰」為名，以嬌滴滴的聲音向美軍喊話："Kiss me, again"；"Please come back to me now"；「美國的船隻全部沉沒了，你們是太平洋的孤兒」。結果，她幾乎和甲級戰犯同時被捕。

近衛文麿的建議能夠成為內閣決議並迅速得以貫徹，與日本的「風俗」和傳統做法有關。1854 年，美國海軍準將佩里率領「黑船」叩關，迫使日本「開國」後，日本幕府最先採取的措施之一，就是立即設立為外國人服務、約有 50 萬平方米的娛樂區「港崎遊廓」。也就是説，「橫濱開港的最初工作，首先是從建造遊廓開始的。這條花街柳巷，成為橫濱開港的象徵」。[1] 當時有一個自願為國「獻身」的女性，叫阿吉。1856 年，阿吉奉命為首任美國駐日公使湯森·哈里斯（Townsend Harris）「服務」，並因此被視為「民族英雄」。

設立慰安設施也和日本軍隊的傳統做法有關。明治時代陸

---

[1]　永畑道子：《女性繚亂》，藤原書店，1993 年版，第 16 頁。

海軍建立後，士兵均生活在軍營裏，過著早上 6 點起床，晚上 9 點熄燈的生活。在每週一天的休息日，他們可以上街，而「歡樂街」是他們特別樂意光顧的地方。但是，對他們來說，「歡樂街」收費昂貴。最著名的「歡樂街」吉原，一次收費 5 元至 10 元，而二等兵 1 個月的零花錢只有 3 元。無奈，他們只能尋覓收費低廉的私娼。按照軍規，兵必須在下午 5 點前歸隊，士必須在 9 點前歸隊，否則將受處罰，被關入「營倉」（禁閉室）。「久旱逢甘霖」的軍人和喜歡的女人纏綿，捨不得離去，因此往往陷入兩難。大正時代流行的一首歌，敘述著當時軍人的尷尬：「再不走將入營倉，時鐘顯示八點半；下個週日無休假，離身軍刀鏽斑斑。」軍人在外「隨地大小便」容易感染性病，這個問題令日本軍政當局感到棘手。最終，他們想出了一招：在軍隊配置從軍慰安婦。「戰地駐屯部隊每個聯隊（團）和大隊（營）均配有慰安婦。一個慰安婦一天要『慰安』數十名士兵。在不需要執行任務時，軍人每週休息一天。但是，為了滿足性飢渴的士兵的欲求，慰安婦是沒有休息的。根據記錄，當時享受軍屬待遇的慰安婦的經營者，會來回走動，將飯糰直接分發到她們的枕頭邊。」[1] 戰爭爆發後，隨著戰綫不斷拉長，本國「慰安婦」供不應求，於是，日軍便在朝鮮和中國各地強徵慰安婦。日軍「強徵」慰安婦的暴行，也成為遺留至今的歷史問題。

---

[1]　笹間良彥：《圖錄·性的日本史》，雄山閣，1996 年版，第 217 頁。

第六章

遊廓內外的「風情」

公娼制的演變

　　從 1528 年公娼制正式建立到 1958 年《賣春防止法》實施，賣淫在日本是合法存在，但限於規定區域 ——「遊廓」。瞭解日本的「風俗」和「情色」，必須瞭解被稱為「遊廓」的日本花街柳巷的歷史。

　　美國的「日本通」、曾經擔任美國駐日大使的埃德溫‧賴肖爾在《日本人》一書中寫道，「一億日本人都是儒教徒」。不管我們是否認同這一觀點，但日本人對待「性」的態度，確實很符合孔子的說教。孔子在《禮記‧禮運篇》中指出，「飲食男女，人之大欲存焉。」日本的「遊廓」是「遊女屋」的群集，而「遊女屋」芽蘗初生，就是「飲食」和「男女」密切結合的產物。

　　718 年，平城京（奈良）在建造元興寺時，在寺院附近建了一個叫「奴婢宿」的工匠宿舍，安排兩位年輕女性為工匠服務。結果，這兩位女服務員不僅為工匠們做飯，滿足他們的食欲，而且滿足他們的性欲 —— 當然不是免費的。日本的「遊廓」由此濫觴，儘管「遊廓」這一名詞直至江戶時代才出現。在奈良時代之後的平安時代（794—1192 年）出現的各種「風

西川祐信 繪

西川祐信 繪

喜多川歌麿 繪

塵女子」，均屬「私娼」，完全沒有被納入政府的統一管理。

　　鐮倉時代（1192—1333年），武家政治開始正式登上歷史舞台。據《吾妻鏡》記載，為了加強社會管理，顯示自身權力，鐮倉幕府建立後的第二年即1193年，初代征夷大將軍源賴朝就設立了一個官職，叫「遊君別當」，任命源義成擔任這個職務，專門裁決與「遊君」即「遊女」相關的訴訟。不過，這一職位的設立不能作為「公娼制」建立的標誌。因為「遊君別當」不負責遊女的管理和收稅。

　　室町時代（1333—1573年），京都的街頭和神社寺廟前，開始出現被稱為「傾城町」的「遊女屋」集群。「傾城」典出中國的《詩經‧大雅》「哲夫成城，哲婦傾城」，意思是足智多謀的婦女可以傾覆敵之城郭。用「傾城」形容女色艷麗，典出班固的《漢書‧外戚傳下‧孝武李夫人》：「北方有佳人，絕世而獨立，一顧傾人城，再顧傾人國。」

　　1392年，京都東洞院七條建立的「傾城町」，是最早獲得官方許可的「遊女屋」集群。據史籍《灰屋紹益和吉野太夫》記載：「應永四年（1392年），室町幕府第三代將軍足利義滿當政，東洞院七條附近的『傾城町』獲得官許。此為洛中（京都）遊里之嚆矢。」公娼制度的建立，也是在室町時代：「大永八年（1528年），室町幕府設立了名為『傾城局』的官署。同年6月，由春日修理太夫推薦，竹內新次郎被任命為『傾城別當』。傾城局負責處理與遊女有關的一切訴訟，同時負責頒發官許只鑒箚（執照），每年向每個遊女徵繳15貫稅金。若

遊女不繳付，則沒收其財產。也就是說，1528 年是公娼的紀元元年。」[1] 不僅公娼制首先在京都建立，而且京都的遊廓是日本其他地方遊廓的「墁本」。

室町末期的歷史資料還顯示，當時遊女屋已呈現集中趨勢。1980 年代，一部叫《聰明的一休》的日本動畫片在中國熱映。一休是後小松天皇的兒子，因為室町幕府第三代將軍足利義滿嫉恨一休的母親，逼迫後小松天皇將他母親趕出宮廷，他隨母親離開皇室，到京都安國寺出家為僧，後成為著名禪師，法號一休。一休在《狂雲集》中寫道，「安寧坊街坊之間，十家有四五家為妓院。淫風之盛，亡國之近」。中國人將娼樓群集的場所稱為「花街柳巷」，日本稱之為「花街」。據《日本國語大辭典》解釋：「花街又稱遊廓。即諸多妓院集中在一起，和周圍區域有明確界綫的花柳街，又稱遊里、色里」。

1392 年東洞院七條附近「傾城町」獲得官許，只是遊廓的嚆矢。遊廓真正出現，是在豐臣秀吉成為「天下人」的「桃山時代」（1573—1603 年）。1589 年，豐臣秀吉移居在京都新建成的宅邸「聚樂第」。「聚樂」寓意「聚天下長生不老之樂」。但是，當時的京都因遭遇戰國時代的兵荒馬亂，不少地方仍是一片荒蕪。據說，當年某日，豐臣秀吉騎馬經過萬里小路（今天的柳馬場）時，為豐臣秀吉牽馬的原三郎左衛門，突然跪倒在豐臣秀吉的馬前，說：「在下想在京都建遊女町，將

[1] 明田鐵男：《日本花街史》，雄山閣，1990 年版，第 15 頁。

散於京中的遊女屋集中到一起並進行裝飾，使京城常聞絲竹之調，賞歌聲舞影，慰安眾生，繁榮京城。此事在下已反覆考慮，望主公恩准」。豐臣秀吉微笑著點頭道：「如此可彰顯國家安泰之祥瑞之相」。這個原三郎左衛門雖然是豐臣秀吉的馬弁，但他父親是室町幕府的伊予守源賴明，室町幕府滅亡後淪為浪人，後被豐臣秀吉收留。原三郎左衛門獲得豐臣秀吉的准許，在林又一郎協助下，歷時僅半年，便創建了一個遊廓。由於遊廓的入口處有兩棵柳樹，故稱「柳町之廓」或「柳町的遊里」。「柳町之廓」被認為是日本正式得到官許的最早的「遊廓」。

1600 年，德川家康取得統一日本關鍵之戰「關原合戰」的勝利後，任命板倉勝重為「京都所司代」，加強對京都的干預和管理。[1] 1602 年，板倉勝重命令京都二條柳町的遊廓遷往六條三筋町，理由是遊廓離天皇御所太近。由於遊廓的遷入，「六條三筋町」自此被稱為「六條柳町」。

1615 年，德川家康在「大阪夏之陣」擊敗了豐臣氏殘餘勢力。當年 7 月，天皇根據朝臣菅原為經的建議，取義唐朝憲宗治世的年號，改元「元和」。這一年，在日本史上稱「元和偃武」，即自此平息武力。此後，日本進入了長達 250 多年的和平時期。和平年代當有和平年代的繁榮景象。於是，日本幕府根據德川家康生前頒佈的執政綱領《德川成憲百條》提出的

---

[1] 「京都所司代」一職，最初由織田信長在 1568 年設立，主要負責和朝廷交涉及監視朝廷，監督公家和京都附近的大名，裁決京都地區訴訟等。

「設遊女屋雖非良策，但若加以嚴禁，將更顯不義」，於 1617 年 3 月頒佈了通稱「元和五條」的遊女町管理令：一、除「傾城町」（即六條柳町），其他地方均不得從事「傾城」業，亦不可將遊女派往「傾城町」之外；二、「傾城町」只能白天營業，客人在傾城屋滯留不得超過一晝夜；三、遊女只能穿著藍布衣服，不得穿金戴銀；四、「傾城町」內建築物不得裝飾奢華，遊女町管理者必須嚴肅認真工作；五、「傾城町」若發現形跡可疑者，必須向官衙舉報。「六條柳町」因「元和五條」而獲得了壟斷經營權。但是，如以後島原奢華的建築物、遊女艷麗的服飾所示，隨著經濟的發展，有些具體規定逐漸名存實亡。

　　1640 年 7 月，已頗有聲色的「六條柳町」，被強制遷往京都西郊朱雀野。幕府方面的理由是，遊廓不能存在於居民密集的區域。京都西郊朱雀野那塊地，雖然荒蕪，但面積比原先大。原先約 41321 平方米，而那塊地有約 44491 平方米。同時，幕府還給了一項特別優惠：免除「永代租稅」（固定資產稅）。以後，朱雀野被稱為「島原」。為什麼稱「島原」？因為兩年前九州長崎的島原半島爆發了基督徒大規模起義，史稱「島原之亂」。「六條柳町」被突然強制遷到荒蕪的朱雀野後，為了儘快營業，只能搭起透風漏雨的臨時房屋甚至帳篷，如同「島原之亂」的營帳。但是不久，那裏的形象就有明顯改觀：周圍有壕溝和高達 2 米的圍牆，成為一個封閉的「極樂世界」。裏面除了各種被稱為「見世」的妓院，還擁有「置屋」、「揚屋」、「茶屋」。這些「屋」之間的關係是；「置屋」有藝妓

和遊女，但嫖客不在那裏狎妓，而是根據「揚屋」或「茶屋」的要求，將藝妓和遊女派往「揚屋」和「茶屋」。那裏才是令嫖客銷魂的場所。除此之外，「傾城町」內還有提供各種日常生活用品和副食品的「素人屋」。但令人不可思議的是，沒有出售米和酒的「素人屋」。在以後的兩百多年時間裏，在幕府的保護和指導下，「島原」作為游廓文化的代表和「極樂世界」，長盛不衰。

1642 年 8 月 20 日，即寬永十九年，京都所司代板倉重宗頒佈了《寬永傾城法度》，對《元和五條》進一步具體化並增加了三項規定：遊女即便在遊廓區域內，亦不可乘車坐輿（轎子）；如果發生爭吵並動刀，可處以極刑。對舉報違反規定者予以獎勵。之後，幕府多次頒佈法令，取締私娼。1761 年 11 月，京都所司代阿部正右在「島原」專門設立了一個叫「惣年寄」的官職，負責監督管理京都的「傾城町」事務。1770 年 8 月，幕府展開大規模取締私娼行動，將抓到的大批私娼「流放」到島原。民間稱之為「島流」。儘管如此，私娼不僅沒有禁絕，而且數量不斷增加。「島原」受此影響日趨衰落，不斷向官衙提起申訴。1790 年 6 月，幕府再次大規模取締私娼，被抓的私娼達 1300 餘人。幕府對這些私娼的處罰依然是「島流」。

然而，僅僅過了半年，幕府對「傾城町」的管制就發生了急劇變化。據《京都府下京都府下遊廓由緒》記載，「寬政二年（1790 年）12 月，幕府允許祇園町八阪新地、二條新

地、七條新地、北野上七軒四個區域，可以各經營 20 間遊女屋，每間可擁有 15 名遊女」。也就是說，除了「島原」之外，這「四大遊里」也得到了官方的正式承認，且遊女總人數達到 1200 名。幕府這麼做，主要有兩方面原因：一是私娼屢禁不絕，使幕府認識到與其「嚴加取締」，不如「規範管理」；二是進行「規範管理」，讓 1200 個遊女每人每月交 5 兩「口錢」，是一筆不小的稅收。京都「四大遊里」得到官許後，首先做的事，就是將半年前被「島流」的遊女贖回。當今京都最大的「風俗街」祇園町，就是從那時候開始日趨繁隆的。

嚐到「甜頭」的幕府進而對「茶屋」、「料理屋」也採取了「寬容政策」。1813 年 3 月，由京都所司代酒井忠進授意，町奉行（相當於京都知事）頒佈了一份長達 5000 餘字的命令，規定：一、「茶屋」、「料理屋」等可以接客，但每個「屋」的規模不得超過 6 間房；二、客人不得長期逗留；三、接客女性必須衣著樸素，屋子不得裝飾華麗；四、不得以女性名義開業，遊女不得出店營業。不難發現，這和對「遊女屋」的規定和約束，幾乎沒有差別。兩者顯然開始「合流」。

但是，遊女屋的「好景」並不長久。天保十三年即 1842 年，水野忠邦出任幕府政事總裁「大佬」，並且繼享保改革、寬政改革之後，推行了江戶時代第三次也是最後一次改革——天保改革。在禁止奢侈的改革中，遊廓也遭到整頓。幕府頒佈法令，京都各處遊廓如果希望繼續經營，必須向島原遷移。根據《消亡的京都遊廓》記述，當時希望遷移的有

1300 家，但實際遷移的只有 139 家，藝妓、遊女共 533 人。因為，島原的容納能力是有限的。幕府就是想通過這種方式，迫使其他遊女屋倒閉。

但是，九年後，花街柳巷又「柳暗花明」。脅阪安宅任京都所司代後，於嘉永四年即 1851 年 12 月頒佈命令，允許京都原先的「四大遊里」可以有 20 間遊女屋存在，每間遊女屋可擁有 40 名遊女，期限十年。他這麼做的主要目的，也是為了收取「口錢」即增加稅收。

慶應三年即 1867 年 10 月，松平定敬任京都所司代後，將開設遊女屋的期限從以往的十年改為無期，規定各遊女屋必須每年繳納 3000 兩銀子的「上納金」。但是，這些規定已經沒有意義，因為江戶時代最後一代將軍德川慶喜「大政奉還」也是在這個月。江戶幕府「謝幕」後，日本公娼制在明治時代迎來了新的變化。

二

「遊廓」立體的縮影

　　美國文化人類學家魯斯‧本尼迪克特（Ruth Benedict，1887—1948 年）在《菊與刀——日本文化諸模式》一書中寫道：「英美人認為，日本人珍藏的有些畫冊是淫穢的，認為藝伎與妓女集中地吉原，是個『悲慘的世界』。對這種評論，日本人一直甚為不滿」。確實，被英美人視為「悲慘的世界」的吉原，卻是日本男人最嚮往的地方。據《江戶 300 年‧吉原的老規矩》所述：「住在江戶的男人有兩個願望，一是去伊勢神宮參拜，以便被稱為『伊勢君』，一是去江戶最大的歡樂街吉原玩耍。進入作為吉原入口的大門，任何人都會忘卻一切塵世的煩惱。那是人間另外一個世界」。[1]

　　京都有島原，江戶有吉原。雖然島原的歷史比吉原悠久，但論在日本「風俗業」的地位和代表性，吉原顯然更勝一籌。吉原分「舊吉原」和「新吉原」。舊吉原在東京中央區日本橋堀留一丁目一帶，新吉原在東京台東區千束四丁目附近，即淺草的北邊。舊吉原僅存在了 40 年，而新吉原直至 1958 年 4

---

[1] 渡邊憲司監修：《江戶 300 年‧吉原的老規矩》，青春出版社，2004 年版，第 14 頁。

浮世繪中的日本生活場景 菱川師重 繪

浮世繪中的出行場景 安藤廣重 繪

月《賣春防止法》正式實施，才退出歷史舞台，延續了三百多年。因此，吉原一般指新吉原。

17 世紀初，即江戶城初具規模時，在常盤橋附近有個集中了約 20 家茶屋的「柳町」。其中有家茶屋的老闆叫莊司甚右衛門。要說吉原的歷史，得從他講起。

1600 年，德川家康集中軍力和以石田三成為首的反對勢力，展開了一場決戰，史稱「關原合戰」。大戰正式開始前，德川家康率軍經過一個叫「鈴森」的地方。那個地方後來成為處決犯人、暴曬犯人首級的刑場，但在那之前卻是茶屋集中之處。茶屋門口都掛有一塊三尺長藍布門簾，門簾上掛著鈴鐺。

如果有客人掀門簾往裏張望，鈴鐺就響。聽到鈴響，遊女便抬起頭讓客人端詳 —— 供客人挑選。多家茶屋聚集，故稱「鈴森」。在那裏經營一家茶屋的莊司甚右衛門，得到德川家康將從那裏經過的消息後，專門招募了 8 個年輕漂亮的女孩，讓她們頭紮紅色手巾，腰紮紅色腰帶，迎候德川家康。

莊司甚右衛門得到的消息相當準確，德川軍團果然從那裏經過。於是，那 8 個女孩便走到隊伍前面，將德川軍團攔住。見幾個漂亮姑娘攔路，德川軍團的人感到很奇怪：告狀？不像。打劫？更不像，於是便探問究竟。姑娘們回答道：「我們是江戶城下一家茶屋的姑娘。茶屋能安穩經營，多虧家康公的恩典。這次家康公路過這裏，我們想好好為家康公和眾將士服務，以報昔日的恩典」。聽姑娘們這麼説，部下趕緊向德川家康稟報。德川家康哈哈一笑説：「真是些有趣的傢夥」，並欣然接受了招待。歷史證明，莊司甚右衛門政治眼光非常敏鋭，經濟頭腦非常靈活。因為，「關原合戰」是德川家康平定天下的關鍵之戰。此戰使他成為日本「天下人」的地位不可撼動。莊司甚右衛門能夠成為創間吉原第一人，和這段經歷有著直接關係。

1605 年，江戶幕府成立的第 3 年，為了對江戶城進行改建，幕府命令將柳町的遊女屋全部遷移到今天的日本橋銀町。命令下達後，莊司甚右衛門向幕府提議：除了柳町，還應將分散於麴町、神田鎌倉河岸等處約 50 家遊女屋，全部集中到一處，在江戶建一個京都島原那樣的遊廓。這一建議當時沒有被

接受。但是，莊司甚右衛門沒有氣餒。1612年，他組建了一個同業者總會，而他建立這個總會的主要目的，就是為了使之前的建議能付諸實施。但是，當時有一個叫岡田九郎右衛門的遊女屋主，對他的建議不以為然，稱：「遊女屋是好色者的遊樂場。如果幕府採納這個建議，就是認可嫖娼的正當性。那樣，放蕩者就會增加。你以前提出過這個建議，不是沒有被接受嗎？」莊司甚右衛門反駁道：「如果對遊女屋放任而不規範、管制，不僅遊女屋會持續增加，而且放蕩者也會不斷增加。如果將遊女屋集中到一處，允許合法經營並加以管制，同時在其他地方禁止經營遊女屋，將有利於改善社會風氣。」

莊司甚右衛門的意見獲得了大多數業主支持。於是，業界總會便向幕府遞交了一份「陳情書」，提出了三條建遊廓的理由：一、耽迷於遊女屋者為了獲取遊資，可能貪污挪用公款。若將遊女屋集中於一處設立遊廓，規定遊樂時間不得超過一天一夜，可以避免這種情況的產生。二、誘拐遊女賣入遊女屋的案子多有發生，建立遊廓集中管理，有利於確認身份，防止人口販賣。三、惡黨勢力隱匿於各處遊女屋，如果將遊女屋集中一處，便於搜查、逮捕，同時也便於管束浪人，避免犯罪。幕府最終接受了「陳情」。所以接受，最主要原因是第三條理由能夠幫助解決幕府面臨的難題。當時江戶幕府雖然已建立了十年，但其反對勢力仍不可小覷。「關原合戰」被擊敗的反德川勢力即「惡黨勢力」，有不少人進入了江戶。他們棲身於遊女屋並暗中從事破壞活動。將遊女屋集中到一處，確實有利於治

安管理。元和三年即 1617 年，幕府將日本橋葺屋町北邊（今天的東京人形町一帶）一塊長寬各約 200 米的四方形濕地，出售給了莊司甚右衛門作為建造遊廓用地。同時對他提出了五項規定。這五項規定就是上一節提到的「元和五條」。由於這塊地方蘆葦叢生，因此被稱為「葭原」。蘆葦，日本關東稱「葦」，關西稱「葭」。這塊地雖然在地處關東的江戶，卻稱「葭原」，是因為該遊廓的建立以關西的島原為墊本。1626 年，「葭原」改稱「吉原」。為什麼改稱「吉原」，說法不一。有說因為莊司甚右衛門出身於東海道吉原（靜岡縣吉原市），有說因「葭」和「吉」同音，叫「吉原」吉利，所以改稱「吉原」。

作為遊廓而建的吉原，四周有板塀，並有寬約 6 米的壕溝，只有北邊一扇門出入。所以稱「遊廓」，就是因為與這種結構有關。《日本國語大辭典》對「廓」是如此解釋的：「一、限於一定的區域，有將此區域和周邊分隔的隔離物，如圍牆；二、集中了許多遊女屋的區域，又稱遊里、傾城町。」最初人們稱花街柳巷為「遊女町」、「傾城町」，不叫「遊廓」，後來就是由於四面建起了壕溝和高牆，宛如城廓，所以才被稱為「遊廓」。當然，遊廓並不始於吉原。作為吉原之「墊本」的京都的「島原」就是據有類似結構的「遊廓」。

吉原最初建於蘆葦叢生的荒野，但歷史無數次證明，凡「娼盛」之處，「繁榮」的經濟必然如影隨形，吉原並不例外。隨著大批人口進入幕府所在地江戶，吉原很快成為被商業區包圍的「市中心區域」。這種狀況，顯然是原初將遊廓建於荒野

之地的幕府沒有預料到的。於是,幕府決定將吉原遷移至郊外。雖然業主極不願意到「窮鄉僻壤」去再創業,但也無奈。當時,幕府給了兩個地址供業主們挑選,一是淺草寺北面郊外被稱為「淺草田圃」的一塊地,一是江戶川對岸「本所」的一塊地。最後他們選了「淺草田圃」。作為對將吉原搬遷到郊外的「動遷」補償,幕府給予了一些優惠條件:一是使吉原用地面積增加 50%;二是允許晝夜營業;三是將江戶 200 家「錢湯」和「風呂屋」的上千名「湯女」和「下級女郎」,全部歸入吉原,幾乎消滅了吉原的主要競爭對手;四是給予「動遷費」10500 兩銀子。同時規定,除了吉原,其他地方都不得經營「風俗場所」。吉原成為江戶唯一的「官許遊廓」。

新吉原依然有遊廓的「標配」即壕溝和圍牆。在建設過程中,日本發生了一件大事:明曆三年即 1657 年 1 月,江戶遭遇了史稱「明曆大火」的劫難。這場大火又稱「振袖大火」。為什麼叫「振袖大火」?因為和服的袖子按照長度分為兩種,一種叫「振袖」。「振」在日語中是「甩動」的意思,「振袖」就是長袖。還有一種叫「留袖」即短袖。這場火災源於「振袖」。那天,江戶本鄉元町麵屋吉兵衛年僅 16 歲的女兒因病去世,在江戶本妙寺做法事超度。法事結束,身著紫色振袖和服的少女被火化。突然,一陣大風將和服的一隻衣袖吹走。燃燒的衣袖隨風飄逸,點燃了建築物,引起一場大火。這場大火燒了兩天,將江戶城 2/3 的房屋燒毀。江戶城五層高的本丸天守閣,也因「明曆大火」而不復存在。

振袖（少女）明治時代

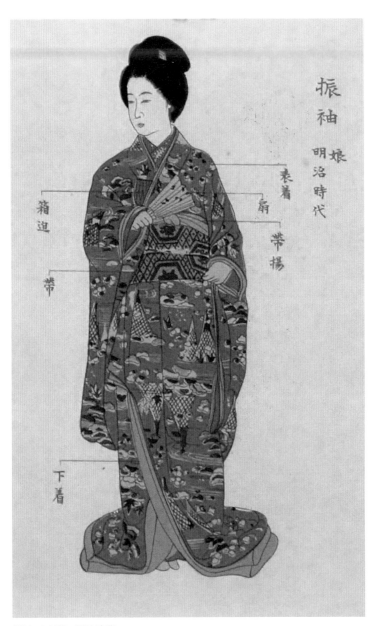

振袖　娘　明治時代

表着
扇
帯揚
箱迫
帯
下着

振袖（已婚）明治時代

「明曆大火」也將舊吉原化為灰燼。尷尬的是，當時新吉原還剛著手建設，諸多「遊女」失去了「快樂老家」，又沒法遷入「新家」，頓時不知道在哪裏為遊客提供「服務」。於是，作為權宜之計，幕府允許「遊女屋」業主在舊吉原的廢墟上搭建「臨時房屋」。這種做法後來成為慣例。從 1618 年「葭原」建成到 1958 年《賣春防止法》實施吉原關閉，三百多年間吉原一共遭遇了 18 次火災，其中除了 1781 年和 1860 年是遊女對樓主不滿為泄憤故意縱火，16 次是失火。18 次火災，每次吉原都被全部燒毀。除了火災，吉原還遭遇了兩次地震：1703 年「元祿大地震」和 1923 年「關東大地震」。很多「遊女」在這兩場地震中喪生。

獲准夜晚也可以營業後，吉原開始成為「不夜城」。如川柳（一種日本短詩）所寫：「世間暮色蒼茫，唯吉原亮如白晝」。晚上獲准營業，使吉原的客流發生了顯著變化：此前，因為吉原只能白天營業，町人等忙於勞作無法光顧，現在吉原已然成為「夜店」，町人們逐漸成為吉原的主要客源。而「吉原」這一名詞則隨著「參觀交代」而迅速傳遍全國。因參觀交代而隨大名前往江戶居住一段日子的武士，大都有去吉原一樂的心願。遊女的人數也順應「遊客」的需求而不斷增加。根據吉原遊歷指南《吉原細見》記載，1728 年，吉原「遊女」人數為 2552 人，1846 年達到 7197 人。

日趨繁榮的吉原和「芝居町」（芝居＝歌舞伎），當時也被有些人稱為「兩大惡所」。不過，兩大惡所同時也是「惡之

華」。因為，它們推動了日本「風俗文化」的不斷發展，甚至經常引領日本社會文化潮流。發生在吉原的真實故事，特別是「心中」的悲情故事，成為歌舞伎的創作源泉；吉原的花魁成為美人畫的模特；流行服飾往往發軔於吉原，吉原「花魁」的髮型，成為女性仿效的樣板。例如，江戶時代後期流行的髮型「勝山髷」，就是對吉原花魁勝山的髮型的仿效。甚至吉原花魁的和服、手帕、扇子、小飾品，也成為一種時髦，最終在良家女子間流行開來。

明治維新以後，無論文明開化運動還是自由民權運動，均沒有改變吉原「繁榮娼盛」的景觀。明治後期，有人曾從晚上 8 點至 9 點在吉原門口做過一次統計，在這一個小時內，共有約 1900 人出入吉原，其中 14 歲不到的約有 50 人，15—17 歲左右的約有 170 人，18—24 歲左右的約有 500 人。直至 1958 年 4 月《賣春防止法》實施，公娼制被廢除，吉原的景觀才發生根本變化。

「岡場所」的私娼

公娼制在室町時代正式建立後，京都和江戶相繼出現了遊女屋集中的遊廓「島原」和「吉原」。「私娼」雖然多次被取締。但是，以「料理茶屋」、「料亭」、「茶屋」、「風呂屋」等各種名義兼營賣淫業務的場所從未絕跡。所有這些未經官許的私娼窟，被統一稱為「岡場所」。為什麼叫「岡場所」？迄今為止有幾種說法。一說是「岡場所」的「岡」，源於「岡目八目」（也寫作「傍目八目」），原義是下棋時「旁觀者清」，進而引申為「岡場所」的妓女，屬非主流的「旁系」，而幕府認定的吉原的妓女才是「主幹」。二說是「岡場所」的「岡」源於「岡惚れ」的「岡」，意為將別人的戀人佔為己有，即「橫刀奪愛」。三說是「岡場所」的「岡」和「陸」同音。因為受身心束縛的吉原遊女，如身陷「苦海」；而「岡場所」的妓女則相對自由，如在「陸地」。另有一說是「岡場所」的「岡」和「外」發音近似，原義是「外場所」，後來走了音，被讀成了「岡場所」。

「岡場所」中最著名的是被稱為「四宿」的四個「宿場町」，即品川、新宿、千住、板橋。那麼，這幾個沒有領過官方「營業執照」、作為非法存在的「色情場所」，是如何形成和發展

的呢？瞭解它們的發展史，對於瞭解日本的風俗和情色，似不可或缺。

「四宿」和江戶時代同年出生。1603 年，江戶幕府建立後便以江戶的日本橋為起點，著手建設五條交通主幹道。這五條主幹道分別是：通往關西的東海道、通往中部的中山道、通往茨城的日光街道、通往東北的奧州（岩手縣）街道、通往甲府（山梨縣）的甲州街道。為了給旅客提供食宿的便利，街道上還建起了一些「宿場」（驛站），並迅速發展為「宿場町」。

最先建立和最為繁榮的「宿場町」，是東海道的品川宿，而後依次是中山道的板橋宿、奧州街道和日光街道的千住宿、甲州街道的內藤新宿。「四宿」裏有為客人盛飯的「飯盛女」。不過，人們都稱她們「宿場女郎」。因為，男人們要求她們提供服務，主要不是為了滿足食欲，而是為了滿足性欲。幕府對所謂「飯盛女」的主營業務，當然心知肚明，但看破不說破。1659 年，幕府發佈了「遊女禁止令」，但允許每個「宿場」可以有兩個「飯盛女」。

隨著江戶城的繁榮和交通流量的增加，「宿場町」也日益繁榮。例如，僅「參觀交代」一項帶來的「流量」，便相當可觀。日本廢藩置縣時有 276 個藩，之前藩的數量大致差不多。在近 300 個大名中，有 146 個藩的大名往返江戶和藩領時要下榻品川宿。也就是說，幾乎每個星期都有大名下榻品川宿。大名當然不是「單身赴任」，而是有一批跟班。為了服務這批人，「宿場女郎」自然不斷增加。在江戶時代中期，平均每個

宿場有「宿場女郎」20 人。同時，因為品川離江戶不遠，所以有些江戶居民也會前往品川。不是因為那裏有「宿場」，而是因為那裏有「女郎」。到後來，「見世」——即娼妓在一樓「亮相」，如果客人看中某個娼妓，立即上二樓「作業」的店——也陸續掛起了作為行業「標誌」的簾子，不再遮遮掩掩。「見世」和「店」讀音一樣，原本是「店」的另一種寫法，但到了江戶時代，「見世」專指此類場所。

四個「宿場町」，按照「女郎」的氣質相貌、「服務」水準排列，依次是品川、新宿、千住、板橋。「四宿」中品川宿所以獨佔鰲頭，首先和地理位置有關。品川原先是個小漁村，1187 年，鎌倉幕府的創建者源賴朝為祈禱交通安全，在當地建了品川神社，之後便不時有人前往參拜，並逐漸成為南來北往的交通要衝。1601 年，德川家康將品川定為「宿場町」。隨著品川逐漸「異化」，幕府漸生不滿，口頭警告不見效便往往伴之實際的「掃黃行動」。但是，這種「掃黃行動」會令當地經濟遭受沉重打擊。如此反覆，無奈之下，1764 年，幕府只能做出讓步。怎麼讓步？當時，品川共有不同規模的「宿場」93 家，幕府允許品川宿場町的「飯盛女」人數不得超過 500人，也就是說，平均每個「宿場」可以有 5 個「飯盛女」。到後來，這個限額當然被不斷突破。品川的人流量在「四宿」中最大，而且背靠江戶灣，海產品新鮮美味，佔據如此天時地利人和優勢，在「四宿」中贏得最高人氣，也就理所當然。

排在第二位的是內藤新宿，即今天的新宿。今天日本東京

都 23 區之一的新宿區，就是在「宿場町」的基礎上發展而成的。內藤新宿在「四宿」中最「年輕」，它的設立也是因為地理因素。最初甲州街道離江戶城最近的下榻處是高井戶。隨著江戶城向東面不斷擴大，大名們日益感到去那裏投宿非常不便。因此，1698 年，幕府在日本橋和高井戶的中間又設立了一個宿場，這個宿場就是內藤新宿。為什麼叫內藤新宿？內藤是德川家康曾經的「小姓」（僕從）內藤清成的姓。由於內藤清成機靈且識文斷字，1580 年德川家康便讓他擔任三兒子德川秀忠（第二代將軍）的「傅役」（老師）。內藤清成跟隨德川家康鞍前馬後忠心耿耿，輔佐「太子」盡心盡力，深得德川家康賞識。在進入江戶城時，德川家康許諾賞給他一塊位於甲州街道兩側的土地。坊間傳聞，說當時德川家康讓他「跑馬圈地」。於是，內藤清成便騎著他的白馬飛馳，將南到千馱谷、北到大久保、西到代代木、東到四谷的大片土地圈了起來。那匹白馬因此被活活累死。德川家康兌現了承諾。這塊土地後來成為內藤清成的「下屋敷」（大名在江戶近郊的別邸）。內藤新宿原先是內藤清成「下屋敷」的一部分，所以稱「內藤新宿」，後來簡稱「新宿」。新宿設立後，生意興隆，門庭若市。除了地理位置恰當，前往江戶的人往往都會在那裏歇腳並投宿一夜翌日進城，主要還因為那裏有「宿場女郎」。

甲州街道是從江戶城半藏門往西直綫延伸的一條街道。一旦江戶城遭到攻擊，將軍可以直接從這條街道前往「天領」即直轄領地甲府（山梨縣）。因此，甲州街道沿綫有很多直屬將

軍的大名和旗本的府邸，當然也有很多附屬於他們的武士。

「四宿」中的新宿，就位於江戶城和甲府之間，並因為有眾多武士的光顧而「繁榮娼盛」。為了給遊女和「遊客」供應蔬菜等食品，經常有運貨的馬車往返，沿途拉下很多馬糞，因此新宿的遊女被戲稱為「馬糞女郎」。同樣和武士有關的是，1718年，幕府下令取締新宿。不僅因為新宿名為「宿場町」，實際上已成為「遊廓」，更因為新宿周邊有很多「旗本」的府邸。所謂「旗本」，是俸祿不滿一萬石（一萬石以上稱大名）的將軍主要家臣。他們整天逛窯子，成何體統？於是，幕府便以「有傷風化，敗壞風紀」為由，取締了新宿。但是，新宿依然暗中從事「兼營業務」。市場需求這股強大動力始終存在。1773年，幕府允許新宿町可以有「飯盛女」，但和千住宿、板橋宿一樣，人數不得超過150個。這對新宿似乎不太公平，因為新宿有52家宿場。然而，有勝於無。在此之後，新宿日益成為有錢人的樂園。作為日本「國粹」的歌舞伎也和「宿場」在新宿相輔相成實現了「共同繁榮」，從而使新宿最終成為東亞首屈一指的「歡樂街」和情色最濃的「風俗一條街」。

　　排名第三的千住宿所在的地區，地處江戶通往東北的奧州（岩手縣）的交通要道，平安時代叫千壽村。1594年，德川家康建起了橫跨隅田川的千住大橋，使其作為交通要道的地位更加突出。1625年，千住被正式指定為奧州街道的宿場町。同時，根據德川家康的遺囑，江戶幕府第二代將軍德川秀忠於1617年在日光建成了東照宮，將德川家康的遺骨安葬在那

觀賞表演

裏。之後，前往那裏參拜的人日益增多。千住宿作為奧州街道和日光街道的下榻地，生意日趨紅火，逐漸形成了地形狹長的「宿場町」。不過，由於千住離江戶較遠，周邊沒有大名府邸，而且途中經過吉原，種種不利因素使它只能當「小三」。1753年，千住宿町也獲准可以擁有 150 名「飯盛女」。這項優惠對它以後發展，具有重要意義。

板橋宿是中山道最初的宿場，分為平尾、中宿、上宿。因上宿和中宿間的石神井川上架有「板橋」而得名。板橋宿有「飯盛女」的，是臨近江戶的平尾和中宿。板橋宿周邊是稻田和灌木叢，一派田園風光，有著誘人的自然景觀。板橋宿的東面是加賀藩前田家的「下屋敷」。前田家的祖先前田利家是德川家康的重臣，領俸祿逾百萬石（相當於一百多個小城主的俸祿）。雖然前田家參覲交代時經常下榻板橋宿，北陸道（新潟縣和富山縣一帶）、近畿地區（京都周邊）的大名，也不乏有人經由板橋宿進出江戶，但是，作為「宿場町」，人氣還是無法和另外三個宿場町媲美。因為板橋宿雖然和千住宿、新宿一樣，也在 1573 年獲准擁有 150 名「飯盛女」，但是，那裏的「女郎」主要服務對象是當地農民，相貌、氣質、才學都難以令大名滿意。

日本江戶時代有個不成文的規矩，就是朋友出遠門，要將朋友送到最近的宿場。理由是江湖險惡，擔心朋友路上遭遇不測。如果朋友前來做客，也要去最近的宿場迎接，以示自己熱情好客。然而，這些都是藉口，真正送客接客的目的，是自己

想去宿場當「遊客」。「宿場女郎」如此受人喜愛，江戶時代幕府屢次取締「岡場所」，但「岡場所」始終如雨後春筍，挖掉又長，煥發出勃勃生機。即便經歷江戶時代「三大改革」的沉重打擊，依然活到今天。

1720 年代前後，第八代將軍德川吉宗推行「享保改革」，將「岡場所」全部取締。但是，德川吉宗辭去將軍一職，由他長子德川家重繼任後，岡場所又日趨活躍。1770 年代至 1780 年代，德川家重的兒子德川家治擔任將軍時期，「岡場所」進入了全盛時期。除了總計有 190 家「宿場」的「四宿」，其他地區名目繁多的「遊女屋」亦紛紛開張。當時田沼意次主政，在史稱「田沼政治」的這些年裏，幕府採取各項推動經濟發展的舉措，民眾生活水準不斷提高，各地紛紛呈現「繁榮娼盛」的景象。但田沼意次重商的經濟政策招致武士階層強烈不滿，他本人最終因收受賄賂被貶下台。繼任「大佬」的是德川吉宗的兒子松平定信（德川家康原姓松平）。松平定信大力推行江戶時代的第二場改革即「寬政改革」，禁止混浴，禁止賣淫。但改革成果終未能長久。7 年後，松平定信黯然下台，「岡場所」隨著他的下台再次「生意益然」。好景不長。1841 年後，由「老中」水野忠邦推行的第三次改革即「天保改革」，使「岡場所」遭受重創。當時，「岡場所」有 574 家店被關閉，抓獲的「遊女」達 4000 多人。但是，如此大刀闊斧的改革，令水野忠邦和利益集團爆發尖銳衝突，因此被將軍免職。他下台以後，「岡場所」再度呈現發展繁榮之勢。再後來，「黑船來

航」,「佩里叩關」,日本結束了「鎖國時代」,而作為「開國」的標誌之一,就是橫濱建起了為洋人服務的「風俗一條街」。隨後日本進入了明治時代。但是,任憑時代如何變,「四宿」風情依舊,只是有些「舊貌」換了「新顏」。

「岡場所」之外,還有一類「個體經營者」,包括夜間在街頭拉客的「夜鶯」;名為「踴子」(舞女)賣藝,實為娼妓賣淫;「船饅頭」(船上的夜鶯)、比丘尼(打扮成尼姑的妓女);「體重」(名為提著裝有餅和饅頭的籠子的小販,實為妓女)、「枕藝者」(出賣色相的藝人)……因名目繁多而又事無新鮮,這裏就不再贅述了。

（四）

「廢娼」運動的起伏

　　1873 年，加藤祐一在《論文明開化的意義》一文中寫道，「文明開化之事，人們如口頭禪般掛在嘴上，但真正理解文明開化含義的人並不多。如果問我為何這麼認為，我的回答是，在社會上經常可以聽到關於文明開化的議論。吃豬肉是文明開化；打著蝙蝠傘在路上行走是了不起的文明開化；穿著皮鞋直接踏上榻榻米是文明開化，儘管會給人帶來點麻煩。牽著狗踏上榻榻米，當然也是文明開化；毀壞佛壇更是了不起的文明開化。總之，只要是模仿西洋人、耳之所聞眼之所見的新事物，只要與他人不同，全都是文明開化。」

　　確實，作為明治維新三大方針之一的「文明開化」，作為「移風易俗」的「文明開化」，引起了日本社會風俗的深刻變化，儘管很多人並不真正理解何為「文明開化」。但是，改造作為「尋花問柳」之別稱的「風俗」，現實中可以說難乎其難。改造產生於室町時代的公娼制之困難，更是超乎明治政府想象，遑論取締。

　　1867 年 10 月，德川慶喜「大政奉還」，12 月天皇頒佈《王政復古大號令》後，京都的幕府統治機構宣告解體，明治

新政府成立了過渡性的治安維持機構「市中取締役所」。1868年3月3日，該機構被「京都裁判所」取代。不過，這個「裁判所」是民政管理機構，不是司法機構。1個月後，「京都裁判所」改稱「京都府」，首任京都府知事是長谷信篤。負責引導監督風俗業的是市政局庶務課、勸業課。

進入明治時代以後，以「世風一新」為標榜。在明治元年即1868年的11月，明治新政府就頒佈了《賣淫女取締令》，禁止私自賣淫，而公娼依然合法存在。1870年4月，京都府命令各遊廓成立商社，將每天營業收入的1/20上繳。不過，這些「商社」類似於今天的同業公會，和今天的「商社」不同。於是，很快出現了「茶屋」、「遊女屋」、「藝妓屋」三種商社。同時規定，商社的「鑒箚」（經營執照），和從事角力、演藝等40種職業一樣，均由官府發放，並公佈了島原祇園新地、二條新地、七條新地等20處准許經營「茶屋」、「遊女屋」的地點。未取得鑒箚的一律不得經營。最後得到「公認」的這些「遊所」，均取了商社的名號，並按照規定掛出燈籠，燈籠上有統一的圈有圓圈的「遊」字。在此之前，祇園的字號是「榮」，二條新地的字號是「東」，七條新地的字號是「泉」，上七軒的字號是「壽」，各不相同。

1872年11月1日，京都府將天台宗的青蓮院宮舊邸，改造成了「府立療病院」，並從德國聘請了醫生。設立這個「府立療病院」的目的，是檢查遊女是否染有梅毒，防止傳染。

梅毒原名叫Syphilis，源於意大利醫學家兼詩人吉洛拉

莫‧弗拉卡斯托羅（Girolamo Fmcastoro，1478—1553年）所寫一首詩的標題。原詩是拉丁文，1686年，英國桂冠詩人納林姆‧泰特（Nahum Tate，1652—1715年）將這首詩譯成了英文，名為 *Syphilis or French Disease* 即《梅毒或法國病》。這首詩敘述了 Syphilis 的病因、病徵及其預防和治療。Syphilis 最初是希臘語，源於一個神話，説以前有個叫阿汝基多霍烏斯的國王，手下有個人叫 Syphilis。這傢夥是個馬屁精，吹噓説他可以讓太陽神聽命於國王。太陽神阿波羅見他如此狂妄，非常憤怒，於是讓 Syphilis 得了這種病，之後國王、國民也都染上了此病。西方人習慣於將梅毒歸咎於外國人，法國人稱之為「那不勒斯病」，俄國人稱之為「波蘭病」，英國人稱之為「西班牙痘」。日本發現首例梅毒病人是在室町時代的永正九年，即1512年。據竹友秀慶著《月海錄》所述，「永正九年，壬申。人民多有瘡，似浸淫瘡，是膿包翻花之類，謂之唐瘡」。也就是説，日本人認為梅毒是從「唐」（中國）傳入日本的。中國最初關於梅毒的記載，按俞約齊的《續醫説》是在明弘治年間（1488—1505年）：「民間患惡瘡，自廣東人始，呼為廣瘡。」乃是由葡萄牙人帶入廣東而傳染開的。

「府立療病院」是由明石博高推動建立的。此人是京都府知事槙村正直的幕僚，曾任職於大阪舍密局。當時，那裏有一個叫安東尼‧博多因的外國教師患有梅毒，其病狀之恐怖，給明石博高留下了深刻印象。不過，「府立療病院」並不始終是防治梅毒的醫院。1879年4月，「府立療病院」成為「府立醫

學校」，即今天京都府立醫科大學的前身。明石博高還得到杉浦治郎右衛門等人的幫助，在京都八阪神社附近，開辦了一家梅毒治療所，收治了 160 個病人（男 87 人、女 55 人、小兒 18 人）。據《京都府史料》記載，「治療所醫生均為志願者，不領報酬」。

1872 年 10 月 2 日，根據司法卿江騰新平的提案，明治政府頒佈了具有劃時代意義的法令 ——「太政官佈告第 295 號」。該法令宣佈，「人身買賣，在規定年限內主人可任意處置，有悖人倫，古時就被禁止。然今日仍有以奉公之名，行販賣人口之實者。是故，自今往後，對此一律嚴禁」。因為該法令第四條即最後一條規定，「娼妓藝人奉公者，均予以解放。有相關借貸訴訟，一概不予受理」。因此，該法令又被稱為「娼妓解放令」。當年 10 月 9 日，明治政府的司法省頒佈了「省令第 22 號」，提出「娼妓藝妓為失去人身權利者，無異於牛馬。豈有人要求牛馬返還錢款之理。因此，凡借貸給娼妓藝妓的金銀等，均不作為債務」。因此，民間又稱「太政官佈告第 295 號」為「解放牛馬令」。

「娼妓解放令」頒佈後，「遊女」紛紛離開遊廓奔向「自由」。但是，有不少「遊女」身無一技，更無長物，有的成為私娼，甚至有的自殺。《京都先鬥町遊廓記錄》對當時的情況，有如下一番記錄：「12 月 2 日娼妓藝妓解放令頒佈後，人身買賣之惡弊被禁止，娼妓藝妓獲得了獨立自由。但也隨之產生了大恐慌。有情夫的娼妓，或受僱主苛刻壓抑的娼妓，如鳥

兒離開籠子飛向藍天，相當幸運。但也有很多娼妓重歸故里後，給原本貧寒的家庭增加了一張吃飯的嘴。」無奈，政府只能再次規定，「若本人自願，可以繼續成為娼妓。只要納稅，可再給予鑒箚，准許經營」。

1872 年秋，為了解決被「解放」後的娼妓的生計問題，政府引導各地籌建名為「婦女職工引立會社」的娼妓教育機構並給予補貼，讓昔日的娼妓學習烹飪、裁縫、養蠶、紡織、製茶等技能。1874 年 4 月，「婦女職工引立會社」被「女紅場」取代。「女紅場」即「女工場」，分為兩種，一種以「風塵女子」為對象，另一種以「良家女子」為對象。前者被稱為「遊所女紅場」，後者則逐漸發展為高等女子學校。例如，京都府立高等女子學校，前身就是「女紅場」。

進入明治時代後，廢除公娼運動開始興起。最先提出「廢娼」的，是明治政府的刑法官權判事津田真道。1869 年 3 月，津田真道發表了《廢娼建議書》，認為允許娼妓存在，是對女性人權的無視，呼籲廢除「公娼」。「廢娼」二字，最初即見諸該建議書。最初興起廢娼運動的是群馬縣。運動的興起得力於新島襄的組織動員。新島襄是日本第一個獲得「洋學位」的留學生，也是日本名牌私立大學同志社大學的創建者。1879 年後，新島襄在群馬縣以三種方式推動廢娼運動：一、喚起輿論；二、不斷請願，要求國會和府縣議會通過廢娼決議；三、勸告娼妓自願歇業。1882 年 4 月 14 日，群馬縣貼出佈告：「1888 年 6 月前關閉全縣所有遊廓。」而真正全部關

閉，則要遲至 1893 年。日本基督教團體、婦女團體也積極展開廢娼運動。1886 年 6 月，矢島楫子等建立了「基督教婦女糾風會」。此後，為防止娼妓重操舊業，該組織成還立了「職業婦女宿舍」。1889 年 1 月，以《女學雜誌》讀者為核心的「日本廢娼會」宣告成立。

《大日本帝國憲法》是在 1889 年 2 月 11 日頒佈的，在「依法治國」的社會背景下，名古屋地方法院的一個判例，對廢娼運動產生了兩方面效果。當年，一名娼妓逃離「遊女屋」，被僱主訴諸法院。但是，法院對僱主的申訴不予支持。這一案例成為廢娼運動的推動力，同時也使「貸座敷」的業主感到威脅。[1] 他們組織成立了名為「全國貸座敷聯合會」的反廢娼組織。他們反對廢娼的理由是：一、如果禁止性產業存在，將難以對賣淫者進行衛生管理，導致性病蔓延；二、公娼作為使良家婦女免遭性暴力蹂躪的「防波堤」，有存在的必要性；三、娼妓不是被買賣的奴隸，而是按照自己的意願提供性服務的勞動者。

1901 年，在京都七條新地的一條小路上，《京都日出新聞》的配送員被三個素不相識的人打了一頓。據警方調查，打配送員的三個人都是新地的「遊客」。之所以打他是誤以為配送員是每天勸遊女「歇業」的「救娼軍」成員。這件事雖然後果並不嚴重，但卻具有鮮明的社會意義，說明反對廢娼者不僅

---

[1] 貸座敷，原意為「出租（貸）座位（座敷）」，江戶時代後期為男女幽會場所。

僅是業主。

1912 年，日本進入大正時代。年前成立、以島田二郎為會長的「廓清會」積極展開「廢娼」運動，並創辦了《廓清》雜誌。但是，正如京都帝國大學教授駒井卓指出的，「當今展開廢娼運動的人們，大都根據宗教家、社會教育家的説教，強調廢娼的道義，而其他的廢娼理由則沒有得到強調。雖然道義是廢娼的主要理由，但是從運動的立場看，沒有讓議員認真傾聽廢娼者的聲音，顯然是種遺憾。而且國家和府縣的為政者、實業家、醫生，不乏基於經濟、衛生等理由，反對廢娼者」。

1914 年，主張廢娼和反對廢娼雙方，發生了一場史稱「洲崎事件」的衝突。事件的緣由是，當年 9 月 1 日，「貸座敷聯合會」舉行臨時總會，通過了反對廢娼組織「救世軍」協議，強調「不惜採取暴力」。兩天後，「救世軍」成員伊藤富士雄大尉接到了兩個在洲崎醫院住院的娼妓的求援。於是，他便趕往醫院。但是，在醫院前面，他遭到了「三業公會」，即料理屋、茶屋、置屋三個風俗產業組織的二百多人的阻攔。這些人直至黃昏才讓他將兩名娼妓接走。在伊藤大尉帶著她倆前往洲崎警察署遞交「歇業」申請時，突然遭到毆打。施暴者將 3 人分隔開，用木屐又踢又踩。大尉的褲子被撕破，隨身攜帶的包也被搶走，最後被打得不省人事。他被打壞的手錶顯示，事件發生在 7 點 27 分左右。「救世軍」成立後的十幾年裏，多次遭到來自遊廓的暴力攻擊，但從未訴諸法律。「洲崎事件」後，「救世軍」首領山室軍平決定改變以往的方針，對「三業

公會」提起訴訟。但是，《廓清》雜誌刊文對此舉表示質疑：「洲崎警察署長千田警視真的有那樣的覺悟？真的能夠毫無顧慮地逮捕那些醜類而無視遊廓方面的不滿？」事實證明，質疑不無道理。

進入昭和時代後，廢娼運動仍在繼續。1928 年 11 月，以松浦有志太郎為首的京都廢娼同盟宣告成立。同年 12 月，京都女權同盟發表聲明，呼籲廢止公娼。秋田、福井、福島、埼玉四縣則通過了由「公娼廢止期成會」提出的「廢娼建議案」。1933 年，日本內務省頒佈了《娼妓管理規則改正令》，根據這一政令，原先處在「遊廓」內不得擅自出入的娼妓，得以自由出入。1941 年底太平洋戰爭爆發後，很多娼妓成了勞動者，「遊廓」也隨之發生變化。例如，「先斗町歌舞練習場」成了「市設三條共同勤勞所」。但是，直至戰爭結束，公娼依然存在。

第七章

混沌的風塵・風俗・風情

「裸女」多舛的命運

　　日本學者多本浩二撰寫的《裸體寫真》的第一節，以「性的政治學 ── 應該如何論述『裸體寫真』」為題，作了這樣一番闡述：「有關『裸體寫真』歷史的書不少。但是，閱讀這些書，我發現即便作者有意論述裸體和社會的關係，也大都對『裸體寫真』這一固有的表現類型，存在天真的認識。因此，他們最終仍未能把握『性』和歷史以及政治的動態關係。由於這個原因，他們的敘述總是讓人感覺相當平面。」[1] 儘管多本浩二的這本書，絲毫沒有為我提供日本「裸體寫真」與歷史以及政治的動態關係的論述，但卻給了我極為有益的啟示，成為我將此列為一節的主要動因。

　　1872 年，移風易俗的文明開化風潮驟起，明治政府頒佈了《違式詿違條令》（《違反規定處罰條令》）。這個法令類似於七十多年後於 1948 年 5 月實施的《輕犯罪法》。法令第 1 條規定，「犯違式之罪者，處以 150 錢以下、75 錢以上罰款」。第 22 條規定：「不可裸體、袒胸露腹」。1875 年初夏《報知

---

[1]　多本浩二：《裸體寫真》，岩波書店，1992 年版，第 8 頁。

新聞》的一則報道，顯示了當時警察的執法尺度。那天，東京數寄屋町一家妓院有個妓女，在參加了「祭」（民俗節日）後回到屋裏。因為天氣炎熱，她脫掉外出穿的衣服，換上了「腰捲」（裹著腰的一塊布）。這時，一個警察大喝一聲「違反違式條令」，猛然闖進了屋子。為什麼說她違法？因為，她穿著「腰捲」的身姿，窗外能夠窺見。警察隨後將她帶走。但具有諷刺意味的是，或許為了強調「證據確鑿」，警察不許她換裝，也不許她穿上外衣。

1889 年 1 月，也就是《大日本帝國憲法》頒佈前一個月，日本《國民之友》雜誌刊載了山田美妙齋的歷史小說《蝴蝶》。小說以「源平爭亂」後平家的沒落為背景，敘述一個官家女兒的愛情故事。小說中有一幅渡邊省亭畫的裸女插圖。這是明治維新後，裸體畫首次登上日本的雜誌。是因為「鮮花」不能插，「塑膠花」可以擺嗎？不是，是因為時代氣候變了。原先的《違式詿違條令》，已經形同虛設。

1892 年，世界著名的人體美學專家 C.H. 休特拉茲到了日本。一個高官請他到自己府邸觀賞日本式脫衣舞：四個日本年輕女性在三弦的伴奏下，一邊翩翩起舞，一邊褪去和服，最後將胴體展現無遺。主人告知這位外國專家，為什麼要請他看日本式的脫衣舞：「日本女性由於平時穿著將身體遮蓋得嚴嚴實實的和服，無法窺見她們體態的美和肉體的運動。」專家聽了這番話，表示深深的感謝，說主人實在太瞭解自己的需求了。回國後，C.H. 休特拉茲將這段經歷以栩栩如生的筆調，寫進

了他的名著《婦女服裝論》。[1]

1912 年即大正元年，日本興起了被稱為「冒險攝影」的「裸體攝影」熱。同時，藝術家努力使自己的畫作貼近「寫真」（日語「寫真」即照片）。例如，安井曾太郎的《孔雀和裸女》，被稱為「不朽的名作」。1917 年，日本《西洋畫報》，一本以介紹海外文化和風俗習慣為主旨的畫報，在新年號發表了西洋舞蹈特輯，但當局認為該特輯「有害風俗」，禁止出售。雜誌編輯部雖無法抗爭，但在第 2 期發表了題為《為禁止發售而泣》的卷首語，其中寫道：「《西洋畫報》新年舞蹈號，被有司認定為『有傷風化』，禁止我們出售。但是，究竟什麼內容『有傷風化』，有司並沒有明確告知。該命令的傳達者只是對我們說，『非常遺憾』。雖然編輯逐一說明了所刊載照片和資料的出處，並強調所有照片和資料均由歐美正規出版社公開出版，我們只是試圖從藝術和技巧的角度，介紹作為社交手段的舞蹈。然而，有司終不可改變決定。」[2] 有司取締該特輯的原因是「有害風俗」，顯然，「有害」是指照片上的西洋女性袒胸露背，穿著過於暴露。

戰敗後，隨著盟軍進駐，原有的軍國統治崩解，日本開始實現所謂的「肉體解放」。

1946 年，性風俗研究專家高橋鐵公開發表了《性典研

[1] 高橋鐵：《近世近代 150 年性風俗圖鑒》（上），久保書店，1968 年版，第 234、235 頁。

[2] 高橋鐵：《近世近代 150 年性風俗圖鑒》（下），久保書店，1969 年版，第 165 頁。

究》，之後又公開發表了《赤與黑》、《人間復興》等煽情讀物，廣受歡迎。其中當然有裸體插圖。戰後真正的「肉體解放」的第一波浪潮，是 1947 年 1 月東京新宿帝都座（今新宿日活的小劇場）舉行的「鏡框展」：一個穿著比基尼的女子，擺著姿勢，一動不動地站立在形似「鏡框」的一個框子裏。即便僅此而已，「鏡框」被觀眾層層圍觀。因為，按戰前規定，暴露肚臍、大腿都屬「猥褻」。更令高呼「戰後再出發」的紳士們滿眼放光的是，那個小劇場還表演起了脫衣舞，而且那種脫衣舞還融入了一些日本文化獨特的「風情」，而不僅僅是邊舞邊脫衣。例如，廣瀨元美表演的《脫衣舞清姬》，就是一例。當時，此類表演以「輕演劇」標榜，但人們認為，稱「狂演藝」或許更合適。同時，其他一些戰前無法想象的所謂「女劍劇」，也登上了舞台。最先上演的「女劍劇」是淺香光代主演的《女武士》。對此劇的介紹有這樣的文字：「能偶爾一瞥私處，令人血脈賁張」。

　　或許為了宣洩長期遭受壓抑的人的本能，戰後日本「粕取文化」盛行。「粕取」原是用酒糟製成的一種劣等燒酒，用「粕取」作為「文化」的前綴，含義不難理解，即容易使人沉醉的「低俗文化」。以性導向的娛樂為主，充滿性挑逗和低俗，是「粕取文化」的基本特徵，「粕取文化」包括「粕取雜誌」，數量極為可觀，如《夜晚》、《夫妻讀物》、《獵奇》，等等。「粕取小說」也廣受歡迎。當時，日本「新浪漫派」代表、著名小說家永井荷風匿名發表的《六平米房間的隔扇裱糊紙》，在市

面上秘密流傳。1948 年，永井荷風為此接受了警方聆訊。毋庸贅言，「裸體畫」是「粕取文化」不可或缺的內容。

　　戰前，在媒體上刊登「接吻」的畫作都是違法的。但是戰敗後，美國佔領當局根本不理會日本的這種法律。一次，美國大兵和「盼盼女郎」公開在街頭接吻，被日本警察以「公然猥褻罪」拘捕。此舉激怒了駐日盟軍總司令部（GHQ）。總司令部明確規定：「接吻不是猥褻。」1949 年，改造社出版了諾曼‧梅勒的小說《裸者和死者》，因充滿露骨的性描寫，遭到警視廳沒收處分。但是，駐日盟軍總司令部隨即撤銷了這一處分。之後，日本市面上開始出現偷偷販賣的「Y 寫真」。「Y 寫真」10 枚一組，描繪新婚旅行過程：紀念攝影、新郎手忙腳亂地撫摸穿著和服的新娘。進入旅館後，他們脫下衣服，接吻⋯⋯。

　　1951 年，高橋鐵和久保藤吉創辦了以「文化人的性風俗雜誌」自詡的《熱戀者》。該雜誌發行後一度引起爭議，但法院認為，「這是性研究雜誌，不是色情雜誌」。涉及「施虐」和「受虐」主題的戲劇和美術也在戰後一度流行。表現「情色虐」的喜多玲子的畫作、伊藤晴雨的表演，博取了大量觀眾的眼球。

　　1956 年 7 月 17 日，日本政府發表了年度《經濟白皮書》，開篇即指出：「消費和投資的潛在需求尚在高漲，但與戰後一段時期相比，人們消費和投資的欲望之熾烈已顯著減弱。

現在已不是『戰後』，我們正面臨與以往不同的事態。」[1] 所謂「溫飽思淫欲」，隨著日本經濟高速增長，藝術上的裸體和世界第二經濟體，幾乎同時公開亮相。當時，新潮雜誌《平凡出擊》和《花花公子週刊》用麻田奈美等模特兒的「裸體」照裝飾封面，使雜誌熱銷。其實，所謂的「裸體」照還是遮遮掩掩的：用手遮掩胸部，用紗巾遮掩下體。但時隔不久，手被移開，紗巾被褪去。1974 年創刊的《GORO》刊出了大尺度裸體廣告。於是，一些急欲成名的歌手，紛紛寬衣解帶。不過，她們「最隱秘的部分」仍未顯示。

1990 年代初泡沫經濟高漲期，「最隱秘的部分」終於被閃光燈照耀。1991 年 1 月，攝影家篠山紀信以影視明星樋口可南子為模特兒，拍攝了裸體影集《水果·不測事態》。由於總計 54 張照片中有 15 張暴露下體，影集旋即銷售一空。同年，《藝術新潮》5 月號刊載了攝影家荒木經惟的《三月的我寫真》，也因為暴露女模特兒下體，使雜誌極為搶手。然而，更受人們關注的是警方的態度。因為，日本刑法第 175 條規定，「禁止發佈、銷售、陳列淫穢圖畫」。警方諮詢了大學教授、律師、記者等各行業的十多位相關人士。同年 6 月 10 日，東京警視廳保安一課提出了口頭勸告：「寫真淫穢性較強，社會影響較大，希望今後不要再出版同類作品。」但同時承認：「作品的整體取向具有藝術性，故不作違法處置」。

---

[1]　經濟企劃廳：《昭和三十一年度 年次經濟報告》，1956 年版，第 43 頁。

於是，「全裸寫真」更如雨後春筍。著名影星宮澤理惠也「奮不顧身」拍攝了全裸寫真，並因此被稱為「平成的維納斯」。作家兼導演中谷彰宏就此評論道：「樋口可南子和本木雅博的寫真集，與其説是現代的黎明，毋寧説是拉開了黑暗時代的帷幕。1991 年宮澤理惠的寫真集才真正使裸體寫真史進入了現代。」[1]

1993 年，「全裸寫真」的紛紛問世，再次顯示出日本「欣性相容」的民族特性。這一年，以知識分子為主要讀者群的《現代週刊》，也每週必刊「全裸寫真」，使發行量在半年內陡增 7.5 萬冊。《郵政週刊》因每期刊載影星的「全裸寫真」，僅半年發行量就增加了 10 萬冊。按《郵政週刊》總編岡成憲道的説法，「『全裸寫真』這個詞，已經成為時代的關鍵詞」。[2]

----

[1]《SPAI 週刊》1991 年 11 月 13 日號。

[2]《朝日新聞》1992 年 12 月 2 日晨刊。

「遊女」別樣的生涯

　　1987 年 9 月 5 日，日本東映公司上映了由著名導演今村昌平導演、著名演員緒形拳和倍尚美津子主演的《女衒》。「女衒」是買賣女人的一種職業。該劇講述了 20 世紀初至 1940 年代，一個叫村岡伊治平的「女衒」的職業經歷。1901 年，村岡到了香港，先在日本人經營的一家理髮店就業，後來跟隨一個日軍大尉到了奉天（瀋陽），混跡於日本人開的妓院，並買通妓女從俄國人那裏刺探軍情。不幸一個叫阿留的日本女人在刺探軍情時被俄國人發現後吊死在樹上。村岡怕受牽連，又跑回了香港。他別無所長，只能繼續混跡於妓院，並開始從事在日本有歷史傳統的營生：買賣女人。他各處搜尋被偷運到香港的日本女人，然後賣給東南亞的人販子。後來，他直接派人從日本「收買」年輕女孩進行倒賣。3 年後，他開了 4 家妓院且生意火爆。但是，由於日本的倒行逆施引起東南亞國家民眾的普遍反感，妓院生意日漸冷清。最後，他和 4 個妓女分別組成了 4 個家庭，讓 4 個「妻子」拚命生孩子，聲稱要在海外建立 1 個「小日本」。人們當然沒有看到他建立起的「小日本」，而只是看到 1 個 70 歲的老頭和 4 個老婆、一群兒女生活在

海邊。

「女衒」是什麼意思？《日本國語大辭典》的釋義是：「江戶時代，以將女性賣給妓院為業的人。充當妓院和女孩父母之間的中介。也有誘拐女性並出賣者。屬不道德的買賣」。這種人口販子活躍於貧窮的農村，「收購」七八歲的女孩作為「遊女」後備軍。他們通常以 5 兩至 20 兩銀子的價格買入，以 30 兩至 50 兩銀子的價格賣出。因為販賣人口是違法的，所以公開的名義是「年季奉公」，即「有期限的合同工」。

「遊女屋」是他人的統稱。其實，因經營方式和內容不同，「遊女屋」的名稱也不同。概括而言，遊廓內的「遊女屋」主要有堪稱「三根支柱」的三種類型：一、「置屋」（又稱「女郎屋」）。根據客人要求派遣遊女和藝人的店。二、「揚屋」（出租場所，又稱「貸座敷」）。召喚遊女和藝人前來陪客的店。三、「茶屋」。主要功能是充當「置屋」和「揚屋」之間的「中介」。「遊女」和「遊客」往往先在茶屋見面，所以，江戶又稱「出合茶屋」。「出合」就是「會面」。檔次低一點的「茶屋」也叫「呼屋」。「呼」就是「召喚」。茶屋又分「水茶屋」、「料理茶屋」、「引手茶屋」（「引手」原意為「門把手」）。此外，台所（意為「廚房」），即給「料理茶屋」等送外賣的店，也很重要。

「遊女」是江戶時代前半期的稱呼。江戶時代後半期，「遊女」在京都大阪稱「傾城」，在江戶稱「女郎」。作為「傾城」或「女郎」培養的女孩，也就是從「女衒」手裏收購的女孩，

叫「禿」。「禿」原先是指女孩短髮、前額「劉海」的髮型——禿髮。正式成為「禿」要舉行簡單儀式,由樓主贈送一件「小袖」(窄袖和服)、「遣手婆」贈送一個杯子。然後,她們便跟著高級遊女學習彈琴賦詩等文化知識和技能,同時學習如何接客、幫著幹一些雜活。約 15 歲左右正式接客前,京都的島原改稱「禿」為「新艘」。「新艘」意為「新船啟航」,也要舉行儀式。江戶時代初期,儀式的第一道程式是「染齒」,即把牙齒染黑色(不久這道程式被取消),然後由樓主為她取個樓內的名字,並將名字寫在一張紙上交給她。之後,獲取「定紋」,即印在衣服和她使用的器物上的紋章。再後,她在鼓聲中乘船通過一個「關口」。最後,從樓主和其他「姐妹」手中接過祝賀的衣物、酒杯、現金等。進一步晉升為有自己房間的「天神」或「太夫」,又要舉行儀式。晉升「天神」或「太夫」的儀式基本相同:由樓主贈送「小袖」(窄袖和服)及新的寢具,只是物品的數量存在差異。不過,兩者有一項不同,即新「太夫」要贈送跟隨她的「禿」一二件「小袖」,而「天神」此前沒有「禿」,所以沒有這道程式。無論「天神」還是「太夫」,都不是「終身制」,都有升降。例如,1657 年島原某「天神」有個非常有錢的常客,他賄賂樓主讓該「天神」升為「太夫」。後來,這個「常客」對該「天神」興趣漸減,不常光顧,再後來更是「去向不明」,而新科「太夫」因缺乏「新客」,最後被降為「天神」。

吉原沒有「新艘」,只有含義相同的「新造」。「新造」原

先是指富商的妻子，後來指他人的年輕妻子，再後來指未婚的女子。和「新艘」不同，「新造」分「振袖新造」、「留袖新造」、「番頭新造」三種。「振袖新造」略稱「振新」，大都由「禿」晉升。她們穿「振袖」（長袖）和服，跟隨上級遊女「見習」接客，到 17 歲正式接客。「留袖新造」簡稱「留新」，大都沒有「禿」的經歷，也有「禿」當中的「次品」。她們穿「留袖」（短袖）和服，也是 17 歲正式接客。「番頭」意為領班、主管，「番頭新造」也稱「番新」，年齡大都超出 30 歲，稱「新造」顯然名不副實。她們只是做些輔助性工作，例如和「茶屋」聯絡，不再接客。

「傾城」或「女郎」中的最高級別都是「太夫」，都有自己單獨的房間。最初，「花魁」僅是對「太夫」的稱呼，後來被用以指稱所有「遊女」。「太夫」在「茶屋」或「揚屋」接客，除非至少接觸過 3 次以上的常客，她們才有可能在自己住的屋子裏接客。要成為「太夫」，需要具備三方面條件。首先必須是美女。當時有所謂「美女三十二相」的審美標準。京都島原樓主奧村三四郎曾寫過一本「秘傳書」，論述了美女四項主要標準：一是眼睛較大，眉如柳葉；二是鼻樑挺直，比例適當；三是手指纖細，皮膚細膩；四是腰細腿長，身材匀稱。要成為「太夫」，還要有教養，主要表現在有文學和藝術造詣，如會吟和歌、彈三弦。最後是「床上手」。「上手」在日語中是「好」、「熟練」的意思，也就是說性技巧嫻熟。井原西鶴的《好色一代男》中，有「太夫」如何接待主人公世之介的描述，非

常生動。

「太夫」以下，稱呼各不相同。在吉原，「太夫」以下統稱「格子女郎」。「格子女郎」在「見世」裏接客。「見世」是日語漢字「店」的另一種寫法。按《廣辭苑》的釋義，「見世」就是「妓院」，一般都是二層樓的房子。「見世」面向街道的一邊有叫「籬」的格子──這也是稱她們為「格子女郎」的原因。她們透過「格子」往外張望，因此這種「見世」也叫「張見世」。客人在「見世」外完成對「女郎」的挑選後，進店上樓「消費」。利用「茶屋」的都是有錢的「遊客」。這裏的「遊女」和「遊客」都是直接見面，「不讓中間商賺差價」。

「見世」按級別、規格大致分為「大見世」、「中見世」、「小見世」。客人可以通過「格子」的差異，判別這是什麼級別的「見世」。而且「見世」中的女郎，坐在最後排的最貴，坐在最前排的最便宜，一目了然。進遊廊不需要買「門票」，所以去遊廊的並非都是「遊客」，他們中的不少人是「素見」，即只是通過「格子」觀賞遊女，類似於逛街時只看不買的「櫥窗購物」。但是，由於明治後已禁止人身買賣，況且讓日本女性任由「洋人」挑選，實在有失日本的臉面。因此，1914 年後「實物陳列」改為「照片陳列」，直至今天。

「格子女郎」級別之下，是「端女郎」。「端」就是「末端」的意思，最初是指「小見世」以下的「遊女」。不過，吉原遷址後，大批「湯女」被送到那裏，因此「端」又被劃分為三級：「局女郎」、「端女郎」、「切見世女郎」。「局」原先是宮中和大

奧女官的居所。吉原的「局」是將一個大房間分隔成若干個小房間，「局女郎」各居一小間。「端女郎」和「切見世女郎」則混居在大房間裏，只有自己名為「割床」的鋪位。不同的是，「切見世女郎」按時間收費，以「切」為計算單位。「一切」等於一炷香的時長。所以「切見世女郎」又稱「錢見世女郎」。後來，吉原在「格子女郎」和「局女郎」之間又出現了一個級別，叫「散茶女郎」。「散茶」原意是將抹茶放入茶壺，但不進行攪拌，直接喝，似乎放入茶壺的不是抹茶，而是茶葉。「散茶」在這裏的意思是「不振」（不晃動）即不「甩」客人。因為，高等級的「女郎」是有挑選「遊客」的權利的。

「見世」分白天營業的「晝見世」和晚上營業的「夜見世」。「夜見世」就是「夜店」。最初，由於老吉原地處偏僻的郊外，到了晚上人跡罕至，何況幕府不准晚上營業，「遊客」都被女歌舞伎吸引，所以只有「晝見世」。在《吉原的晝狐》中，對當時的情景有詳盡描述。寬永九年即 1632 年，幕府認為女歌舞伎敗壞社會風氣，予以取締。但是，女歌舞伎被禁後，如前所述，「錢湯」、「風呂屋」等迅速「拾遺補缺」，在榻榻米上拉起屏風，「湯女」們更換衣服，彈起三弦，搖身一變成了看似「女歌舞伎」實為暗娼的存在，令「遊女」非常羨慕，她們有的甚至「棄明投暗」成為暗娼。這一動向很快為幕府覺察。幕府遂將吉原遷往郊外並給予夜間營業的「特惠」，同時將 200 家「風呂屋」和「錢湯」的「湯女」集中到吉原。這麼做既是對吉原的「特惠」，也是取締「湯女」的舉措。因為，

她們使町人工匠等晚上不能好好休息，影響社會經濟。於是，遷址後的吉原有了名副其實的「晝見世」和「夜見世」。1724年，由於在遊廓內發生町人和武士的流血衝突，「夜見世」一度被禁，但不久便即恢復。

島原「傾城」的最高級別也是「太夫」，待遇和要求同吉原如出一轍，有兩個「禿」跟隨。吉原在「太夫」之下設級別不同的「格子女郎」、端女郎，端女郎又被細分成五個等級；而島原「太夫」之下則依次是「天神」、「鹿戀」、「端女郎」三個級別。「天神」也在「揚屋」接客，有一個「禿」作為跟班。「鹿戀」也稱「鹿子位」或「圍」，沒有「禿」伴隨左右。「太夫」、「天神」、「鹿戀」以下，統稱「端女郎」。她們在自己的「局」裏接客，所以又稱「局女郎」。島原的一個「局」通常是6平方米左右，三個遊女共用，門口掛柿子色簾子。如果其中一人要接客，其他兩人須迴避。

無論「傾城」還是「女郎」，職業生涯都是十年左右，即27歲前後「退役」。在平均年齡只有40多歲的江戶時代，十年時間並不算短。她們「退役」後，有的成為照顧「現役」、負責和客人討價還價等的「遣手婆」，有的則「從良」嫁人。

「遊廓」並不是「女兒國」，也有男人。很多樓主就是男人。樓主叫「忘八」，其意為一旦進入「見世」，當忘卻孝悌忠信禮義仁智，盡情享受。樓主之下是相當於店長的「番頭」。「番頭」下面是相當於副店長的「若眾」（亦稱「若者」），負責管理下屬人等，使之各司其職。坐在門口聽候客人吩咐的

叫「妓夫」（又叫「牛太郎」）。為遊女提燈籠打傘和幹其他雜活的叫「見世番」。負責整理打掃客人狎妓的二樓房間的叫「二階番」。值夜班、留意火燭以防失火的叫「不寢番」。做飯菜的叫「料理番」。負責浴室清潔的叫「風呂番」。負責添燈油的叫「二階迴」，又叫「油差」。負責店外巡邏，時而跟隨遊客回家取錢的叫「掛迴」。坐在「番頭」旁邊記錄客人名字的叫「物書」。幹雜活的叫「中郎」。總之，分工非常明確。

AV：日本的名片

　　如同《花花公子》之於美國，櫥窗妓女之於荷蘭，裸體寫真之於法國，提起 AV，人們首先想到的是日本。AV 猶如富士山和櫻花，儼然成了日本的「名片」。

　　AV 是 Adult Video 即「成人影像」的縮寫，「是以喚起男性性興奮為目的而拍攝的女性裸體影像」。AV 發端於歐美，但卻在日本發揚光大，以致於提起 AV，人們首先想到的是日本而不是歐美。迄今為止，日本 AV 片在海外市場長期位居首位。日本外務省官員在被問到「AV 是不是也可以算作日本的『軟實力』之一？」時回答：「AV 片至少每年為日本賺取了大筆的外匯。」不得不說，正式誕生於 1981 年的日本 AV 業，經過近四十多年的發展能稱霸全球，原因是多方面的。其中蘊含的經濟、政治、文化啟示，值得關注和思考。

　　日本稱 AV 女演員叫「女優」。所謂「男優女伶」，「優」在中國原本指男演員，但在日本，女演員也稱「優」。日本著名自由撰稿人中村淳彥在《作為職業的 AV 女優》（2012）一書中寫道，日本年均誕生 6000 名 AV 女優。但是，她們未必都被招到各經紀公司麾下。據「記錄日本」（Record Japan）新

聞網調查，在 100 名 AV 女優應聘者中，能獲得面試資格的只有 30 人，獲得演出資格的只有 10 餘人，最終成為「主演」的僅 3 到 4 人，淘汰率很高。據資深 AV 導演溜池五郎在《AV 女優的工作現場》（2013）一書中的估計，東京都內至少有 100 家 AV 經紀公司，旗下共有約 2200 名現役女優。日本每年生產 AV 作品上萬部，主要就靠這些女優。她們中的成功者能夠名利雙收。

但是，總體上說 AV 女優走的是一條「獨木橋」，她們佔有的份額極不均衡。少部分成名女優可以在一年中出演 100 多部作品的主角，而大部分女優則始終默默無聞，甚至完全沒有出鏡機會。在約 2200 名現役女優中，約有 80% 的女優因為無法維持一年以上的職業生涯而離開業界，其中相當多數選擇轉職夜總會。

由於競爭慘烈，普通 AV 女優的收入相當羞澀。現在拍一部 AV 片，能夠有 20 到 30 萬日元（人民幣 1.2 萬到 1.8 萬）的片酬已經算是不錯的收入，況且經紀公司還要從中分成。實際上，很多 AV 女優的收入不如普通工薪階層。即便是賣座女優，一旦「人老珠黃」，也只能以改當「綠葉」等方式，延長職業生涯。雖然日本是一個開放的社會，但從事這種職業仍難免遭人非議，有不少女優會患上精神疾病。2007 年 7 月 6 日 AV 女優美咲沙耶因抑鬱症在家中自殺，令人同情，而「悲情」恰是日本文化的典型特徵。中村淳彥在《消滅 AV 女優：從性勞動中逃出的女人們》（2017）一書中寫道，壓低製作費和片

酬，是 AV 製作方維持生存的必要手段。

AV 在日本的發展歷史並不長。1970 年代末，日本開始流行錄像機，觀看歐美色情錄像帶成為許多人的業餘愛好。但是，島國日本並不滿足只看外國人翻雲覆雨。隨著 1981 年《星與虹之詩》的問世，日本 AV 開始進入青睞本土作品的時代。1982 年，《洗衣店的阿健》總銷量高達 13 萬盒，成為第一部暢銷作品，並使 AV 成為萬眾注目的賺錢行業。但是，在 1990 年代初「泡沫經濟」破滅後，隨著經濟的不景氣，AV 產業漸趨低迷。

1996 年，作家永澤光雄根據他在 1991 年到 1996 年對近 50 名 AV 女優的訪談，出版了《AV 女優》。1999 年，他又根據對 36 名女優的訪談，再度推出《女人 AV 女優 2》。這些接受永澤光雄訪談的女優，有的遭受過養父性侵，有的是輟學的女大學生。總之，她們大都是遭受過磨難的「不幸的女人」。永澤光雄記錄了她們的不幸，意在告訴人們，這些在有些人眼裏屬「傷風敗俗」的 AV 女優，雖然不是一般意義上的「普通女人」，但並不是應被憎恨的女人。同時，這些訪談也揭示了 AV 女優的生活和她們對人生的看法。

中村淳彥自 1997 年開始，歷時 10 年，對 700 多名 AV 女優進行了訪談。他訪談的核心，是探詢這些女性如何進入 AV 產業和性產業。他試圖通過受訪者的內心獨白，揭示這些女性的心理狀態，描繪她們的生活實景。最終，中村淳彥發表了這一訪談系列，題為《沒有名字的女人們》。這一系列的副標題

分別是《貧困 AV 女優的獨白》、《性愛依存症篇》、《在性愛和自殺之間》、《無法「戀愛」的身體》，等等。從這些副標題中，讀者不難感受她們生理和心理的掙扎。

2010 年，由中村淳彥編劇、佐藤壽保導演的同名電影《沒有名字的女人們》上映。影片主要講述了一個叫純子的女孩的故事。純子原本是個非常普通的公司白領，喜歡讀書和在公園散步。一天，純子走在東京澀谷街頭，突然有個陌生男人搭訕她，並問了她一個讓她感到莫名其妙的問題：「你享受你的人生嗎？你不覺得嘗試改變一下你的人生會很有趣嗎？你長得這麼可愛，可以當演員啊。」於是，單純的純子懷揣著一份好奇，跟著這個男人走進了專拍 AV 的事務所。在拍攝現場，眼前呈現的場景讓純子驚呆了。但是，經不住金錢的誘惑，變身為「露露」的純子戴上金色的假髮，穿上作為學生裝的水兵服，開始了作為兼職 AV 女優的生涯。「露露」逐漸有了人氣，但麻煩也接踵而至。她碰上了「跟蹤狂」。事務所的所長要她演遭受凌辱的片子，而她兼職當 AV 女優的事也被同事們知曉，讓她不時遭遇異樣的目光。某天，一名 AV 女優自殺了，事件令純子深受震動。女優一旦沒有了人氣，就會成為棄子，這個女優只不過是以極端的方式回應。這是 AV 界的殘酷現實，純子也終將面臨這種現實。

當然，「人老珠黃」未必沒有機會。20 世紀 90 年代末，日本 AV 導演溜池五郎決定拍攝一部「新潮」AV 片，並決定由 30 多歲的 AV 女優木下由里香出演。在年過 25 就已經屬

「老司機」的 AV 女優圈裏，木下由里香這個已經結婚並有了孩子，身材略有發福，眼角已出現淡淡魚尾紋的女優，似乎沒有競爭力，很難博得觀眾眼球。導演為什麼選擇她？導演溜池五郎沒有對木下透露劇情，而突然獲得這一難得機遇的木下由里香，也沒有探問究竟。她只是心想，無非就是通過那些「動作」，滿足一些人的懷舊心理。

進入攝影棚，正在導演叫「開拍」時，突然急促的門鈴聲響了起來。打開房門，只見一個郵遞員快步走了進來。他看到木下由里香，短暫地愣了一下，然後放下郵件，一把抱住木下。被這突然的擁抱弄懵的木下還沒有來得及反應，兩人的表情、動作已被攝像機錄下。原來，一切都是導演為了追求具有生活氣息的現場感而刻意進行的安排。

之後，導演溜池五郎對木下說：「相信自己。你的特質正是我們需要的。我們一定要共同創造出一部最優秀的作品。」木下感動地流著眼淚回答說，「今天是我人生中最重要的紀念日」。這部取名《人妻》的 AV 作品在 1999 年問世後，引領了一股潮流。從此，很多 AV 中的女主角從青春靚麗的美女變成了豐滿妖嬈的婦女，日本 AV 女優中多了一個新的類別 ——「熟女」，即成熟的女性，這股潮流至今生生不息。有人認為，AV 片根本不需要劇情。然而，這部片子不是。導演溜池五郎表示，日本 AV 充斥著年輕漂亮的性感女郎，長相大同小異，情節千篇一律，觀眾已產生審美疲勞。他們走進成人影像店時，隨便拿起一部便買。因為，反正都一樣。正是為了改變這

種格局，他才大膽啟用「非主流女優」，拍攝了一部融入民眾生活的 AV 片。不要以為 AV 就是粗糙的「毛片」，其實，劃時代的 AV 作品也充滿著創意、激情、敬業。

自從「熟女」成為日本 AV 界的新旗手以後，很多人都在思考：「熟女 AV」為何經久不衰？2009 年，日本大型 AV 經紀公司開展了一項千人民意大調查，調查結果是最好的答案。在觀看過 AV 的受訪者中，「喜歡熟女 AV」的達到六成以上。在回答「為什麼喜歡 AV 熟女」時，「真實」、「敬業」是主要原因。長期研究 AV 的一位日本學者說，出演 AV 的「熟女」，大多就是現實生活中的妻子和母親。觀眾在欣賞完她們的作品後會思考，她們所以用這種方式賺錢，一定有難以啟齒的痛苦經歷。這對人們思考人生，熱愛生活，是有益的。

論及 AV 女優的轉型，無論成功與否，飯島愛都無疑屬典型個案。飯島愛本名大久保松惠，據說，她取藝名「飯島愛」，就是希望得到愛。1992 年，飯島愛參加東京電視台深夜節目《東京情色派》的「丁字褲小愛」單元，被稱為「丁字褲女王」並出道。2000 年，飯島愛出版了自傳體小說《柏拉圖式性愛》，銷量達 100 萬冊。這本書共 12 章，自第 8 章開始描述作為 AV 女優的飯島愛，著重描述她為什麼會走上 AV 女優這條路。全書貫穿著一條主綫，即她想被愛卻始終得不到愛，直到最後放棄愛。書中寫道，她從小缺乏父愛和母愛，與父母之間的裂縫越來越深，最終離家出走，成為一個「不良少女」。她在書中有一句話道出了 AV 女優的酸楚，「沒有愛情

的性交，讓我感到時間猶如無止盡的漫長」。2008 年 12 月 24 日即平安夜，飯島愛被發現死於東京家中。

但是，也有 AV 女優享受「沒有愛情的性交」。2015 年，紗倉真菜出版了她的自傳《現役女優的幸福論：還是專科生的我，遇見了這世界上獨一無二的職業》。她寫道，「跟某個人做愛，然後將過程拍成作品流傳下來，我覺得再沒有比這個更具生命力的事情了」。「能跟熟知如何讓女人興奮的男優翻雲覆雨，才是真正貨真價實的性愛，而且那可能是全世界最舒服、最愉快的性愛」。紗倉真菜試圖改變人們的傳統觀念，即當 AV 女優只是一種無奈的選擇的觀念。因此，她突出強調當 AV 女優是她享受幸福生活的源泉。

日本民眾往往有比較強烈的民族主義情緒，AV 女優也善於消費這種情緒。2002 年日韓共同舉辦世界盃之際，AV 女優黑澤愛為了表現自己的愛國熱情，將自己的作品寄往日本隊在靜岡縣的集訓基地，希望他們在緊張的比賽之餘找到「鬆弛神經」、「舒緩壓力」的方法。2006 年世界盃，面對強大的巴西，日本全國上下都在為球隊支招，有些球迷認為，日本隊最需要看電影勵志，而他們首選的片子就是《加油吧！日本代表隊！AV World Cup》。這部片子是日本 AV 業界為了鼓舞國家隊隊員的士氣而特別拍攝的。片子推出後非常熱銷，主要原因就是民眾認為它能夠「為日本增光」。

2008 年發端於美國的金融風暴席捲全球，日本國內很多行業都遭受重創，但情色業不僅沒有受到影響，甚至還成

為創造日本國內經濟產值的主要力量。美國一位經濟學家戲稱，「這是日本唯一沒有受經濟危機影響的行業」。2018 年 7 月 6 日，日本四家 AV 製作公司在早稻田大學舉辦了一場招聘會。名牌大學的畢業生將此作為職業選項，除了經濟下行的因素，這一產業愈來愈明顯的去地下化、娛樂化也是一個重要的誘因。

四

「風俗」：合法的色情

　　1894 年，《大阪每日新聞》連載了菊地幽芳的小説《百合子》。因小説中有鏑木清方繪製的「接吻」插圖而遭到起訴。按照當時的法律規定，傳媒上的「接吻」畫面，屬「淫穢」、「猥褻」。因此，初審法院判定有罪。但大審院（最高法院）認為，接吻是歐美文明國家的風俗習慣，流行於世界。那幅插圖「屬表示愛情的插畫」，推翻了初審判決，認定無罪。

　　實際上，日本關於「情色」的政策法令，經常顯得自我矛盾，難以理喻。如前所述，公娼制建立後，私自賣淫均屬非法。江戶時代，江戶城唯一官許經營的遊廓只有吉原。但是，幕府又允許「四宿」可以有一定量的「飯盛女」，儘管誰都清楚，這些「飯盛女」真正的職責不是「盛飯」，而是「陪宿」。也就是説，幕府使「四宿」成了事實上的「合法區域」。

　　日本人似乎很「好色」，但日本人的情色觀和性愛觀卻獨具特色。室町時代，有一本書叫《御伽草子集》。「御伽」是大人説給小孩聽的故事。「草子」是通俗讀物。《御伽草子集》有一部分專門講述一個叫小野小町的「遊女」的故事。小野小町交往的男人逾千，但她和他們只是幽會，沒有性交。中國人

可能會覺得，如此「守身如玉」，怎能算是「遊女」？但在日本，「遊女」接客不等於和「遊客」上床。明田鐵男在《日本花街史》中這樣寫道，「初次見面，嫖客有幾個注意事項。第一，不可同衾。因此，在未時（下午 2 點）要到達揚屋，在那裏舉行一個熱熱鬧鬧的酒宴，酒宴結束後馬上回家。不要吃菜，不要忘了向『揚屋』的女管家表示心意。下次何時見面要讓遊女方面說。不要因為不能上床而顯露出不悅的表情，要自始至終面露喜色。當嫖客，並不是那麼輕鬆的。」[1] 同時需要說明的是，高檔「遊女」是有權利選擇「遊客」的。別說「幽會」不等於性交，甚至「遊玩」也不等於上床。這種觀念和戰後日本雖然禁止「賣淫」，但允許「風俗」存在，不無關係。所以，在今天日本的「風俗店」內，可以有各種親昵猥藝的舉止，但禁止性交，違反即屬違法。

公娼制在戰後被正式禁止。禁娼是駐日盟軍總司令部採取的舉措，不是日本政府的自覺行為。1946 年 1 月 21 日，駐日盟軍總司令麥克阿瑟發佈指令，指出：「日本公娼的存在和繼續有悖於民主理想，有悖於全國國民的個人自由發展。」根據這一指令，1946 年 2 月 20 日，日本政府頒佈了《娼妓管理規則》，廢除了一切與娼妓相關的法規。有相當長歷史的日本「公娼」不復存在，日本全國 3165 家妓院約 10400 名妓女因此「失業」。

---

[1] 明田鐵男：《日本花街史》，雄山閣，1990 年版，第 234 頁。

但是，「性，本出於欲」，難以禁絕。戰後，日本的「風情」不斷玩出新花樣。戰前因創作「被縛的女人」而被視為異端的伊藤晴雨的畫作，戰後初期不僅大受歡迎，而且使一些人萌生了掙錢的靈感，以致在街上出現了這樣的景觀：「大哥，大哥，這個女的很不錯，而且玩一次價格很便宜。而且她被束縛著，您可以隨心所欲」。這種「玩法」很快激發了一些人的「好奇心」。S.M. 隨之開始流行。[1] 戰後，以前的夜店紛紛重新開張，形形色色的色情場所也在一片瓦礫中出現，包括一些花店。幾乎與之同時，街上出現了一些「賣花姑娘」，並且催生了一首叫《銀座的賣花姑娘》的流行歌曲。這些「賣花姑娘」也被稱為「賣火柴的女孩」。因為她們會將男人帶到路邊的暗處，掀起裙子，讓他們藉助火柴的光亮窺探私處，價格是 1 根火柴 100 元。對於月薪 3000 至 6000 日元的男人，這個價格並不便宜，但尚能消費。當時還興起了一種叫「看看」的舞蹈。所謂「看看」，就是舞女拿著一個鏡框跳脫衣舞，如同一幅活的「裸體畫」。同時流行的，還有在溫泉和「卡巴萊」（有舞台的酒館）裏表演的脫衣舞。最具有特色的「日本式脫衣舞」，是女性表演者拿著一條蛇，使觀眾通過「蛇」聯想到男人的生殖器。另外還有所謂「模特兒俱樂部」，就是讓客人觀

---

[1]　S.M. 是 sadism（施虐）和 masochism（受虐）的縮寫。18 世紀，法國有個叫薩德的侯爵喜歡通過虐待女性獲取快感。學者將此命名為 sadism 即「施虐症」。19 世紀，奧地利小說家馬索克喜歡在被虐中獲取快感，他的小說中充滿了此類描述，因此被稱為 masochism 即「受虐症」。

賞畫家對裸體模特兒進行「寫生」。還有叫「黑白」和「白白」的性表演。「黑」是指男人，「白」是指女人。這種表演即「男人和女人」及「女人和女人」進行表演。

以上這些表演，都屬「畫餅充飢」的做法。這種做法是否取代了以往的賣淫呢？答案是否定的。因為，突然的「非娼」，使娼妓生活無著，有些只能重操舊業。何況「沒有公共廁所，人們只能隨地大小便」。戰後初期性病發病率急劇上升，成為一大社會問題。1947 年日本全國性病患者為 40 萬人左右，比前一年 24 萬人增加了 16 萬人。以此為背景，日本政府於 1948 年 7 月頒佈《風俗營業管理法》和《性病預防法》，採取了一種變相允許賣淫的措施。以東京為例，政府允許原先「遊廓」和「私娼窟」集中的 17 個地區，開設「特殊吃茶店」，事實上默許那裏的女服務員繼續賣淫。警察署的地圖上，這些區域都用紅綫畫出，故稱「赤綫地帶」。廣岡敬一的《戰後性風俗年表》1946 年 11 月 12 日項，有對「赤綫地帶」的解釋：「警察當局在地圖上將原先是遊廓的『特殊吃茶』赤綫地帶，用赤綫圈定」。

1952 年 2 月 29 日，新潟地方檢察院的原長榮檢察官，作為人身買賣的證人，在行政監察特別委員會表示，「默認赤綫地帶是出於無奈」。《更生新聞》社長森本正一在同年出版的《何謂赤綫地帶 —— 問題實態縱橫觀》一書中寫道，「賣笑婦的存在，在道德上或許是不允許的，但出於社會情勢和公共衛生考慮，同時也出於對賣笑婦自身的保護，在最安全的區域內

採取集娼制，是正確的方法和對策。」

「赤綫地帶」之外，還有「藍綫地帶」。根據警視廳編纂委員會編的《警視廳史》記載，「藍綫地帶」是在 1948 年圈定的。在「藍綫地帶」大都以飲食店為幌子，屬新的私娼窟。據統計，前往「藍綫地帶」玩耍的，不少是學生。日本社交文化協會理事鏑木惠喜在《戰前戰後社交史》一書中，對「藍綫地帶」有如下描述：「三越里一角有條社交吃茶街，沿街有很多打扮得花枝招展的美女。她們不斷招呼路過的男人。僅一小段路就有約 50 多個美女。她們嘴裏說的是『不喝點茶嗎？』但真喝了茶，接下來就是裸體活動。」家庭婦女喜愛的雜誌《主婦之友》1951 年 4 月號，對熱海和湯河原以「料理屋」為名提供「特殊服務」的情形，更是描述得具體而詳盡。

但是，1956 年 5 月 24 日《賣春防止法》頒佈後，「赤綫地帶」和「藍綫地帶」的燈都熄滅了。1956 年 6 月 11 日，《朝日新聞》夕刊，發表了一篇題為《「赤綫地帶」之後》的文章。其中寫道：「特殊地帶，戰前得到政府公認，戰後根據政府的命令以佔領軍為對象提供『服務』，一直得以承認。她們也繳納稅金。現在政府不允許從事這個行當，那麼理應給予補償」。同年，日本上映了成澤昌茂編劇、溝口健二導演的影片《赤綫地帶》。這部電影不啻為「赤綫地帶」的輓歌。故事以一家坐落在吉原的色情沙龍「夢之里」為舞台，敍述了在那裏工作的幾個女人的故事。由里江渴望當一名普普通通的家庭主婦，但生活逼迫她必須去「夢之里」上班。花繪為了給丈夫治

病和養育年幼的孩子，不得不去「夢之里」為客人送上笑臉。阿休的父親因為貪污入獄，年輕貌美的她不得不在「夢之里」拚命掙錢以獲取巨額保釋金。米奇生性叛逆，為了自立，她寧願在「夢之里」賣笑，也不想靠虛偽的父親養活。影片的主題非常清晰，即她們都因為無奈而淪落風塵，值得同情。影片在當時的歷史背景下上映，顯然是想告訴人們，她們都希望能夠有個男人讓自己倚靠，但無奈的她們只能靠自己。「赤綫地帶」裏的女人在某些人的眼裏是低賤的，但為了自己和家庭能生存下去，她們不僅值得同情，而且顯然沒有錯。

不管值得同情還是應該鄙視，真正的問題是，賣淫真的可能被《賣春防止法》消滅嗎？1956 年，由田中重雄導演的《赤綫地帶的燈不會熄滅》和石井輝男導演的《白綫秘密地帶》同時上映。所謂「白綫地帶」，是指「赤綫地帶」和「藍綫地帶」被廢除後，非法的賣淫地帶。1958 年後，以「白綫」為題的雜誌、報道、著作紛紛問世，如《Sunday 每日》的《特集·白綫的女人們》；中村三郎的《白綫之女》；光井雄二郎的《白綫》。所有這些均揭示了一個事實：《賣春防止法》施行後，賣春仍在繼續，可謂「野火燒不盡，春風吹又生」。

根據《賣春防止法》的定義，「所謂賣春，是指獲取報酬以及與非特定的對象性交」。日本人為「性交」找了一個替代語，叫「本番」。從事「本番」的女性就是違法存在的賣春婦。但該法主要懲罰賣淫的助長行為，而且處罰力度也不大。例如，以脅迫、施暴的方式使他人賣淫，處 3 年以下徒刑。對

賣淫者本人，僅規定違反以下三項將受懲戒：一是「不得在公眾場合引誘相對方成為賣淫對象」；二是「為了使相對方成為賣淫對象而在公眾場合糾纏」；三是「以公眾看得見的方式接客」。即便犯法，也僅處六個月以下徒刑或罰款一萬日元（合600元人民幣）。也就是說，就本質而言，《賣春防止法》是「勸誡法」而不是「懲戒法」。

除了「本番」，其他性行為均被視為合法。因此，日本開發出各種不是「本番」的性服務店，統稱「風俗店」，提供諸如「性感按摩」、「粉色沙龍」、「泡泡浴」等「特殊服務」。在「風俗店」裏打工的女性稱自己是「風俗女」而不是賣春婦。男性客也抱有這樣的想法：我到這些店裏不是來買春的，而是來體驗和欣賞風俗的。為了使「風俗店」規範化經營，1984年，日本頒佈了《風俗營業的規制及業務適正化等相關法》（簡稱「風適法」），對1948年頒佈的《風俗營業管理法》進行了全面修訂，明確了「風俗關聯營業」的概念。經過1985年、1988年、1993年多次修訂後，1998年該法被再次修訂，尤其在概念上以「性風俗特殊營業」，取代了「風俗關聯營業」，將「性風俗特殊營業」分為有店舖、無店舖、影像廣告三類。據中村淳彥2014年9月在新潮社出版的《日本風俗女》一書中的敘述，日本性風俗店舖有13000多家。一家店舖如有25到30位風俗女的話，總計達39萬，相當於東京都一個區的人數。加上AV女優6000至8000人以及個人賣春的女性，數量相當驚人。日本20到34歲的女性人口為1000萬人，平均

28 人中有一人是風俗女。

　　日本唯美主義作家谷崎潤一郎認為，「當肉體行將消亡時，對生命力的依戀便分外激烈，而是否有欲望，則意味著是否有生命力」。極具和式創意的「女體盛」，就是性欲與生命的統一。在作為「美器」的少女裸體上，鮭魚給人以力量，放於心臟部。金槍魚有助消化，放於腹部。扇貝和鯉魚能增強性能力，放於陰部。

　　「風俗」就是風情，就是日本的生命。

第八章

男人世界的奇異「風情」

「弘法大師開基説」

　　世界上有不少國家的歷史文獻，都有關於同性戀的記載。西方有，東方也有。古希臘不僅存在同性戀，而且相當風行。柏拉圖的《饗宴篇》（又譯作《會飲篇》）中的索庫拉迪斯和阿爾吉比阿迪斯的關係，顯然是同性戀關係。今天在希臘一些旅遊景點出售的紀念品，有根據考古發現的陶器仿製的「基情四射」的春宮畫。古羅馬最初是禁止同性戀的。羅馬元老院規定：「同性戀是一種墮落的行為，違反者將被處死」。如果不存在同性戀，何必有此禁令？後來，古羅馬仿效古希臘，甚至宮廷內也「基情四射」。留存至今的雕像顯示，「羅馬帝國五賢帝」之一的哈德良和他的侍從安提諾烏斯，就是同性戀關係。德國的阿爾伯特・莫爾 1891 年還專門寫了一本《同性戀》，以對同性戀進行科學而詳盡的分析和論述。

　　中國自古就有同性戀，《尚書・頑童》就有相關記載。《史記・韓非子傳》關於衛靈公寵愛美少年彌子瑕的記述，就是中國在春秋戰國時代就已存在同性戀的例證。中國有個成語，叫「斷袖之癖」，典出《漢書・董賢傳》，說漢哀帝寵愛董賢，一天早起，見衣袖被董賢的身體壓著。漢哀帝不忍將董賢弄醒，

便從床頭拔出佩刀，將衣袖割斷。「斷袖之癖」遂成為喜歡同性戀的雅稱。

日本有所謂「弘法大師開基說」。按照這種論說，日本的同性戀傳自中國。弘法大師就是日本真言宗的創建者空海，法號「弘法大師」。806 年，空海從唐朝學習了佛法並攜諸多經典、佛畫、法具返回日本。與此同時，他還將「同性戀」帶回日本，開闢了日本的「基業」。按照 1598 年出版的《弘法大師一卷之書》記載，「眾道的開基者是弘法大師（空海），中興者是一休」。一休全名叫一休宗純，是後小松天皇的兒子。由於一休的母親是室町幕府第三代將軍足利義滿的仇人，因此足利義滿逼迫後小松天皇將一休趕出宮廷，到京都安國寺出家，想讓他絕後，而一休也因此成為著名禪僧。20 世紀 80 年代中期，在中國熱映的日本動畫片《聰明的一休》，就是講述一休的故事。「眾道」就是同性戀。如果《弘法大師一卷之書》所述屬實，還得給一休加上一個頭銜：「基業中興者」。

日本 1687 年 7 月出版的《男色十寸鏡》，也有關於「弘法大師開基說」的記載。其中寫道，「衛靈公、漢高祖、漢武帝、鄭莊公、魏哀公等君王，皆好男色。被稱為東坡居士的詩人蘇東坡看上去一本正經，但有詩為證，他也戀上了美少年李節推。在日本，弘法大師是眾道的奠基者。」《男色十寸鏡》還寫道，弘法、一休等高僧還鼓勵弟子們踐行眾道。他們發問，「武士、町人、農民為何只是擁妻抱妾，沉迷花街柳巷？應該盡早悔改往年之非，入眾道之門，如此方可獲無我清淨之

心，達心曠神怡之境」。

所謂「弘法大師開基説」，顯然並不符合史實。據小山田
與清在《男色考》中的考證，7世紀上半葉，中大兄皇子（後
成為天智天皇）和權臣藤原鎌足，就是兩位「男同志」。《萬
葉集》中的一些和歌，顯然是「同志之歌」。大伴家持喜愛藤
原須久麿並贈予他兩首和歌，顯然是情歌，契沖師在《萬葉集
代匠記》中也寫道，大伴家持贈美少年藤原須久麿的和歌，如
《交遊和離別歌》三首及《贈藤原朝臣久須麻呂歌》，都是表
達戀情的「情歌」。江戶時代的俳句名家北村季吟認為，這是
日本見於歷史記載的最早的同性戀。大伴家持還有一位從小侍
奉他的男子叫金明軍。《萬葉集》收錄的金明軍的8首和歌，
全部是贈大伴家持的。特別是卷9的釋文稱，「（大伴）家持
是個美男，（金）明軍契男色與歌」一句，就是強調兩人的關
係。因為，「契」就是指同性戀。西元720年問世的《日本書
紀》，有一段關於小竹和天野兩個神社祭師「犯罪」遭到天譴
的記述。他倆犯了什麼罪？按照《日本書紀標註》以及《嚶嚶
筆話》的詮釋，就是犯了「同性戀之罪」。由此可見，同性戀
在日本古已有之，但屬犯罪行為。

不過，「弘法大師開基説」從另一個視角去理解，倒也沒
錯。因為，日本的同性戀首先流行於僧侶階層，然後滲入社會
生活，出現於社會各界。

男同性戀，日本古代統稱「男色」，亦稱「眾道」、「醜
道」、「喝食」、「寺小姓」，但主要稱「眾道」。在平安時代，

日本的歌集以及物語關於「男色」的記載異常醒目。為什麼？因為，日本有聖道門和淨土門兩大流派。聖道門強調苦行，禁止親近女色。因此，「眾道」的踐行者，集中於聖道門。平安時代形成的天台宗和真言宗屬聖道門，以高野山、比睿山等聖山的大寺院為據點。聖道門僧侶必須戒淫欲，不娶妻。儘管也有僧侶暗自蓄妾狎妓。但是，事情一旦敗露，將聲名狼藉。於是，為了掩人耳目和滿足生理需求，一些僧侶便寵幸美少年。《伊勢物語》就有一些「同性戀」的故事。不過，在平安時代，「男同志」是一種見不得人的關係。僧侶源信 984 年發表的《往生要集》，有關於當時的「男同志」在地獄遭到嚴酷刑罰的描述。平安時代末期問世的《源氏物語》，也有關於「男同志」的描述。按照岩田準一在《本朝男色考》中的說法：「《源氏物語》中源氏和小君之間的感情，堪稱孌童之濫觴。因為，在此之前的文獻沒有這一類描述。」

進入鎌倉時代後，雖然「眾道」進一步發展，但淨土門的「眾道信徒」相對較少，尤其是日本獨創的淨土真宗。因為，該宗的創建者親鸞主張「僧俗一如」，即認為僧也好，俗也罷，都是凡人，都有七情六欲，不必有那麼多清規戒律。親鸞本人也吃肉娶妻。按照親鸞的說法，觀音菩薩教誨他，如果他能根據前世因緣結婚娶妻，觀音菩薩將化身為如花似玉的少女和他成婚，他將一生富足，往生極樂淨土。於是，親鸞就遵循觀音菩薩的教誨，和一個叫惠信的尼姑結了婚，生兒育女。因此，淨土門修行者少有「基友」。

但是，同性戀在鎌倉時代的聖道門中卻相當盛行。13世紀問世的《宇治拾遺物語》中，有不少關於「同性戀」的故事。其中有一個故事說，在京都，有一個叫雅俊的大納言（高官），為了供奉事，挑選了一個六根清淨，從未犯戒的和尚撞鐘祈禱。但這個和尚在登台敲鐘時卻臉色發白，拿著撞鐘的木棒的手不停顫抖。在場的大納言和其他和尚都感到很奇怪，心想：這個精心挑選出來的從未犯戒的和尚，怎麼看上去心事重重？結果，這個和尚哆哆嗦嗦地用顫抖的聲音問了一句：「同性戀應該沒關係吧？」眾僧侶一聽，大笑不止。

　　鎌倉時代問世的《古今著聞集》，記載說紫金台寺內有一個叫千年的美少年，不僅長得漂亮，而且吹笛唱歌樣樣拿手，深得方丈寵愛。一天，寺裏來了個叫三河的少年，他不僅比千年長得更美，而且也是吹拉彈唱樣樣擅長，令方丈一見鍾情並「移情別戀」，喜歡上了這個叫三河的美少年。一天，方丈宴請賓客。席間有客人問：「千年怎麼沒來？我們很想聽他唱歌。」於是，方丈便讓人去叫千年。最初千年不願見客，經過三番五次呼喚，他才來到堂前。原先的美少年千年，變得臉色憔悴。在客人們的再三要求下，千年輕撥琴弦，唱出了自己的心情和遭遇：「過去無數佛陀，如何被拋棄？現雖十方淨土，亦無心往生。即便罪業深，顧影亦自憐，若能得引見，亦可成菩提。」聽了千年悲情四溢的歌，客人們都淚流滿面，方丈更是悲痛難耐，唏噓不已。

　　真言宗的主要據點醍醐寺，也流傳著不少「愛情」故事。

醍醐寺的僧侶憲淳編纂、1305 年發表的《續門葉和歌集》，收入了很多法師高僧和美少年互相贈答的和歌，特別是寺院舉行的歌會「櫻會」中的唱和。寺內還有一本不允許帶出山門的「絕密寶典」，叫《稚兒草子》。《稚兒草子》成書於鎌倉時代晚期，即 13 世紀末至 14 世紀初，也被稱作《男色繪詞》。這本書通過大量裸體畫，圖文並茂地顯示了「眾道」和「誨淫誨盜」的同與異。書中以優美的語言描述了他們並不優美的行為。需要強調的是，到鎌倉時代晚期，有不少一流作者和畫家，傾力於「男色繪詞」。由此可見，「眾道」在寺院僧侶之間的流行。

室町時代有很多「稚兒物語」問世，如《松帆浦物語》、《鳥邊上物語》、《嵯峨物語》。當然，也流傳下來一些動人的「基情故事」。例如，幽居比睿山的玄怡和若君成為「契友」的故事。最初，若君由於繼母的阻撓，一直難遂心願。最後，他克服了各種艱難困苦，終於和玄怡「結合」在一起。當時有一本叫《弁之草子》的書，也是一本敘述純情悲戀的作品。其中寫道，日光山的千代若丸剃度出家，取法號弁昌信。由於他屬「小正太」中的極品，因此一山僧眾幾乎都對他一見傾心。尤其是大輔法師對他更是愛慕，並且和他終成「契友」。不久，大輔法師遷化（去世），弁昌信悲痛欲絕，也隨愛人而去。需要強調的是，這些文獻不僅記述僧侶之間熾熱的愛情，而且散發著作為「閨房秘技」的「基情」。例如，吉田兼好撰寫的《徒然草》，就是一例。這本 14 世紀問世的隨筆，同清少

納言的《枕草子》被並譽為日本隨筆文學「雙璧」，不僅文筆清新，而且對「基情」的描述不吝筆墨。不過，對這樣一種生存狀態描繪得最全面深刻的，是 14 世紀後期流傳至今的《秋之夜長物語》。其中寫道，西山道學兼備的膽西上人去三井寺聖護院探訪，迷戀上了那裏的梅若君，讚嘆不已，情難自禁，遂通過梅若君的僕人桂壽，向他贈送了一首情歌，兩人因此有了情感。在幾個月後的一次酒宴上，經桂壽牽綫，有情人終成契友。膽西上人回到西山後，對梅若君苦苦思戀，悵然若失。梅若君獲悉後，帶著桂壽一起前去探訪。孰料在半路上遭到其他修行僧侶的劫持。梅若君的失蹤引起了當地山門的亂鬥。最後，所有寺院均毀於大火。由此可見，天下的「禍水」未必僅僅是紅顏。

江戶時代，社會穩定，經濟發展，熱衷於「眾道」的僧侶也與日俱增。以此為背景，1676 年出版的一本書，叫《岩杜鵑》。這本書是最早將散見於各種文獻的「基情故事」整理成冊的一本集子。只是，江戶時代繁榮「娼」盛，眾道在寺院中已不具有「獨特」魅力。

第八章 ❀ 男人世界的奇異「風情」

271

「武家歡迎的男色」

　　古希臘城邦國家底比斯，曾經有一支 300 名同性戀者組成的部隊，因作戰驍勇而被稱為「底比斯聖軍」。這支部隊在打了幾次勝仗後，被馬其頓王國菲力二世率領的軍隊擊敗，聖軍 300 名勇士全部陣亡。據古希臘歷史學者普羅塔克描述，「勝利後的菲力二世視察戰場。他駐足於 300 位勇士的屍體前，看到每個勇士的胸前都有致命的傷口，每兩具屍體緊緊挨在一起，就知道這就是全部由相愛的勇士組成的著名的『底比斯聖軍』。他眼含熱淚說，『無論是誰，只要懷疑這些人的行為或者經歷是卑劣的，都應該被毀滅』」。

　　日本沒有同性戀者組成的部隊。但是，同性戀曾經在武士之中盛行，舉世罕見。平塚良宣寫道，「經過鎌倉時代、室町時代進入戰國時代後，勇猛的武士將妻子留在家鄉單身征戰沙場。他們過著生命與戰火相伴，殺伐於金戈鐵馬的生活。他們在夜晚休息的陣營中，產生和孕育了男色之情。在無聊的夜晚，年輕人之間自然而然地成為念友。愛念友且彼此不辭生

死，成為武士道的仁義道德」。[1]

這種關係，武家又稱「小姓」、「念友」、「契友」、「侍童」、「小草履取」，等等。按照岩田準一在《本朝男色考》中的論述，「武家歡迎的男色，在時代的變化中，首先以戰場武士屬從、大名的小姓等形式開始流行。最初作為僧侶特有的風俗，不經意間被武士掠取，並呈現奇觀」。[2]

室町時代，不少幕府將軍也耽迷男色。據史料記載，專橫跋扈的室町幕府第三代將軍足利義滿就好「男色」，他的「近習」（侍者）都是美男。當時留下的文獻《臥雲日件錄》，有足利義滿不僅寵愛身邊的「近習」，而且寵愛在禪宗寺院裏奉差的少年「喝食」的記載。足利義滿還寵愛能樂集大成者、藝名為世阿彌的元清。因為將軍寵愛世阿彌，其屬下也競相阿諛諂媚。內大臣押小路公忠在日記《後愚昧記》中不無感慨地寫道，「大名等競而賞之，費及巨萬云云」。好在世阿彌對當官毫無興趣，而是「埋頭作曲，專念斯道」。作為日本傳統藝術的能樂在室町時代的成熟，和足利義滿好男色並非無關。足利義滿之後，幾代室町幕府將軍，特別是第六代將軍足利義教，也好男色。按岩田準一在《本朝男色考》中的説法：「可以認為，足利義教 49 年生涯幾乎和男色相始終。自進入少年期的 10 歲至去世，因陷入男色事件而造成的陰影，籠罩其一生。足利義教不會想到，滲透於僧侶生活的對男色的興趣，會

[1]　平塚良宣：《日本的男色研究》，人間科學社，1994 年版，第 18 頁。

[2]　岩田準一：《本朝男色考》，原書房，2002 年版，第 60、61 頁。

決定他一生的命運。」當時的地方諸侯——大名，也寵幸美男。據《二水記》記載，當時開始流行的猿樂、田樂舞伎的藝人，有不少成為達官貴人的「男同志」。另據《文安田樂能記》記載，貞常親王和17歲的猿樂藝人福若就是「好基友」。由於男色流行，因此當時美少年塗脂抹粉男扮女裝，成為一種時髦。

以1467年爆發的「應仁之亂」為起點，日本進入了戰國時代。在戰國時代，脂粉氣不合時代風尚，一身戎裝的「小姓」開始取而代之。「小姓」這個稱謂出現於室町時代，擔任「小姓」的大多是出身於中低層武士家庭的少年。「小姓」白天照顧主君的生活起居，包括梳理頭髮，為主君管理武器和準備飯食，晚上則要「侍寢」。「小姓」大都待遇不差且前途光明。因為，他們有在主君身邊耳濡目染培養出的能力和經驗，有對主君異乎尋常的忠誠，深得主君寵愛，所以升遷極快。更重要的是，「小姓」往往才貌雙全。戰國時代有不少名將出身「小姓」。到江戶時代的1650年，即第三代將軍德川家光統治時期，「小姓」更是成為一種官職。

「小姓」中最著名的，當屬被譽為「戰國第一美少年」的森蘭丸。立志「天下布武」統一日本的織田信長，共有「小姓」50餘人，原先他最寵愛的是萬見仙千代。後來萬見仙千代在跟隨織田信長進攻有岡城時不幸戰死，森蘭丸才獲得了「晉升」的機會並很快得寵。據《繪本太閣記》記載：「森蘭丸是美濃兼山城國主森可成的次子。年幼時被召為信長的侍童。森

蘭丸不僅天資聰慧，而且長得眉清目秀，年方 12 便仕官，當了織田信長的侍從，獲俸祿 5 萬石。」織田信長曾明確宣佈：「誰若搶我的森蘭丸，我就要他的腦袋。」其實，森蘭丸本名森成利，因為織田信長喜歡傳教士從海外帶來的蘭花，稱他「森蘭丸」，從而使森成利這一本名鮮為人知。當時很多城主才 1 萬石，森蘭丸不是高官，但卻享有 5 萬石厚祿，足見織田信長對他的寵愛。

當然，織田信長所以如此寵愛森蘭丸，除了他相貌俊美，還因為他機敏。據史料記載，一次，有人向織田信長奉上了一大盤蜜柑。森蘭丸捧著蜜柑稟報織田信長。織田信長見他走路都有點跟蹌，便說：「你這樣捧著很危險，蜜柑會倒的。」果不其然，森蘭丸跌倒了，蜜柑撒了一地。信長隨即說：「被我說中了吧！」之後，小夥伴問森蘭丸，主君是否很生氣？森蘭丸說，「我跌倒就是證明主君的判斷是正確的，主君怎麼會生

織田信長「天下布武」朱印

德川家康「源家康」黑印

氣呢?」還有一次，織田信長讓森蘭丸出去將窗戶關上。森蘭丸跑到那裏發現，窗戶本來就是關著的，於是輕輕將窗戶打開，然後將窗戶關上並故意弄出響聲。回到信長跟前後，信長問他:「關窗戶為什麼這裏都能聽到聲音?」森蘭丸回答道:「窗戶之前是開著的。我故意弄出聲音，是為了讓大家知道我在關窗。因為我要讓大家知道，主君任何時候都不會下達錯誤的命令。」除了機敏，更令織田信長欣賞的，是森蘭丸的誠實。據《男娼新宗玄玄經》記載，一天，織田信長進廁所方便，讓等在外面的森蘭丸幫他拿著佩刀。森蘭丸閒著無事，便一遍遍數刀鞘鑲嵌的寶珠。第二天，織田信長將眾多小姓召集攏來，說:「誰能說對我這把刀鞘上有多少寶珠，我就將這把刀送給他。」小姓們都紛紛搶著報出各種數字，唯獨森蘭丸默不作聲。織田信長感到有點奇怪，便問道:「你為什麼不說?」森蘭丸回答道:「我昨天已經數過了，知道有多少顆寶珠，所以不說。」織田信長感嘆道:「真不愧是森蘭!」對他愈發寵愛。據說，如果不是因為織田信長特別寵幸森蘭丸，或許不會發生他的部下背叛他的「本能寺之變」，使他命喪黃泉。因為，明智光秀作為一員智將，曾很受織田信長器重，這使森蘭丸醋意大發，深感不快，不僅多次和明智光秀發生爭執，而且還經常在織田信長面前說明智光秀的壞話，挑唆織田信長和明智光秀的關係，令織田信長打壓明智光秀，最終致使明智光秀憤而舉起反旗。關於明智光秀為何反叛，有幾種說法，這種說法是否屬實難以查證，但織田信長寵愛森蘭丸有很多文獻記

載，並非野史。

除了森蘭丸，另外還有被並稱為「戰國美少年四天王」的4名小姓，即名越山三郎、淺香莊次郎、萬見仙千代、不破萬作。他們分別侍奉於飛驒守蒲生氏鄉，伊勢守木村秀俊，織田信長，豐臣秀吉的外甥及養子、繼承關白職務的豐臣秀次。

江戶時代，德川幕府將軍中不乏「男同志」。據《男色的民俗學》記述，江戶時代秉承戰國時代遺風，將軍大名均有美少年小姓侍奉。連謹言慎行的第2代將軍德川秀忠，在壯年時也和丹羽長重成為「男同志」，並還有一個叫小山長門的寵男。由於豐後守成瀨也與小山長門有染，以致最終釀成德川秀忠命令兩人一起切腹自裁的悲劇。第3代將軍德川家光也是「男同志」。據以日記體裁記錄元和至寬永年間德川家事的文獻《元寬日記》所述，德川家光16歲時，與身邊一個叫阪部五左衛門的侍衛成為「男同志」。一天，德川家光和其他小姓一起洗澡，嬉戲喧鬧，阪部五左衛門見了亢奮難耐，與現場另一名近侍有了「不當行為」。德川家光目睹他們的行為，勃然大怒，一刀將阪部五左衛門砍死。

第5代將軍德川綱吉也喜歡結交「男同志」。德川綱吉在15位將軍中身高最矮，僅124厘米。據入澤達吉考證，德川綱吉精力旺盛，喜好男色，「不問身份種族，他的寵愛者，既有出身卑賤者，也有俸祿萬石者。除了小姓近臣之外，還有一些大名的子弟，大國的太子。」德川綱吉的寵男有20多人，這些人被禁止與他人交往。其實，「小正太」都是主君的禁

孿。不過，包括德川綱吉在內，當時日本武士也貪戀女色。按時下說法，德川綱吉屬「雙性戀」。日本社會病理學家兼風俗史家田中香涯指出，雙性戀在江戶時代相當普遍。

1716 年，隱跡於山林的武士山本常朝，給一個 37 歲的武士田代陣基，講述了 1300 個武士的故事。這些故事最後被彙集成冊，取名《葉隱》。「葉隱」的意思是，「武士如花，隱於葉下。花兒苟延不敗，終遇知音，欣然花落有期」。《葉隱》不僅被譽為「武士道的聖典」，而且被當局定為「國民讀物」。其實，這本「武士道的聖典」也是一本論述同性戀的「葵花寶典」。

山本常朝是佐賀藩人，9 歲就做了第二代藩主鍋島光茂的侍童，14 歲成為光茂的「小姓」。山本常朝和藩主的關係，使他對「男色」有著切身的感悟。按照他的觀念，男性之間的戀更高尚，更富有精神性。《葉隱》強調：「武士道者，死之謂也。」也就是說，武士道就是「死」的代名詞。江戶時代著名武士大道寺友山在《武道初心集》裏寫道：「對於武士而言，最為重要的思想，即從元旦清晨到除夕的最後一刻，日日夜夜都必須考慮到的，就是死的觀念。」那麼，男色和死亡有什麼樣的關係呢？按《葉隱》的說法：「崇拜美少男的最終意義是崇拜死亡。」這顯然是指藩主對稚兒應取的態度。稚兒對藩主應取什麼態度？山本常朝以自己的所思所想作了回答。藩主鍋島光茂 65 歲病逝時，山本常朝悲傷地寫道，「我當坐在恩賜的蒲團上，披上恩賜的夜便服切腹。追隨主君而去，一定淒美無

比。」然而，當時的法律已禁止殉死。無奈，42 歲的山本常朝決定告別妻兒，歸隱山林。因為，按照他的說法，「一旦兩情相悅，便必須如烈女一般，誓死不更二兄。」日本武士道在不同時期有不同的特徵，但是「忠」貫穿始終，甚至對「基友」也強調忠誠。

「野郎」和「蔭間」

　　男娼在希臘古已有之。著名喜劇家阿里斯多芬的《財神》，就有一個男子因為貧窮，被迫向一個老女人出賣肉體，換取金錢、小麥、衣服的故事。在古希臘，最有名的男娼叫斐多。後來大哲學家蘇格拉底發現了斐多並將他買了下來。他後來還成了柏拉圖《斐多篇》的主角。希臘城邦國家向男娼徵稅，說明這種營生在法律上是被允許的。

　　日本平安時代末期已有男色交易的記載。當時有一種「兒店」，專門出售美少年供喜好男色的富人享用。民間傳說故事集《今昔物語》的第 26 卷，就有敘述這種買賣的故事。室町時代，從事這項買賣的生意人開始增多。據《嵯峨物語》、《幻夢物語》，被賣到寺院專門供僧侶享樂的少年，大都家境貧寒。被譽為「日本的達‧芬奇」的博物學家平賀源內，在《男色細見》中寫道：「從業的多是破產者、貧家、浪人的子弟，需要先學三味綫、歌舞、茶道、圍棋，十二三歲便開始接客」。

　　日本男娼作為一個行當的真正興起，是在 17 世紀中葉即江戶時代，並在 17 世紀末至 18 世紀上半葉進入全盛期。1719 年，朝鮮通信使申維翰對日本外交官雨森芳洲說：「日本

男娼之艷，倍於女色。貴國之俗奇怪哉！」他還寫了篇叫《海遊錄》的見聞錄，描繪了當時的日本「基情」四射的社會狀況。他寫道，「少男容姿絕美者，面塗脂粉，身著彩色的綾羅綢緞，配戴的洋溢陣陣香氣的飾品價值千金。上自國家最高統治，下至富豪庶人，很多人都寵養美少年，坐臥出入，必與相隨」。如果美少年移情別戀，和他人暗通款曲，主人會「妒恨殺人」。按照申維翰的記述，「其俗以竊人之妻妾為易事，而男娼有主者，則不敢與之言笑。」也就是說，和別人妻妾偷情很容易，但斷然不敢勾引有主的「名草」。

之所以說男娼作為一個行當真正興起於江戶時代，是因為當時出現了一種叫「蔭間茶屋」的處所。所謂「蔭間」就是「男娼」的別稱。「蔭間茶屋」和所謂的「茶屋」或「料理茶屋」的基本區別，就是男人既「服務」男人，也服務女人。江戶的「蔭間茶屋」主要集中於本鄉湯島、深川、芝明神町、日本橋一帶；大阪的「蔭間茶屋」主要集中於道頓堀；京都的「蔭間茶屋」則主要集中於宮川町。在「蔭間茶屋」接客的，主要是「若眾歌舞伎」的「若眾」。「若眾」最初是佛教用語，「若」在日語中意為「年輕」，「眾」意為「眾多門徒」，原先叫「若眾徒」，如《源平盛衰記》中就有比睿山「若眾徒」和「大眾」老僧對峙的描述。室町時代略稱「若眾」。如《室町家御內書案》有「白山若眾等亂入南禪寺」的記載。所謂「若眾歌舞伎」是作為歌舞伎的「新生力量」登上舞台的。當年，歌舞伎歷久不衰。於是，江戶、京都、大阪一帶的「遊女」，以表

演歌舞伎為幌子做起了皮肉生意。這種所謂的「歌舞伎」被稱為「遊女歌舞伎」。但是，這種「掛羊頭賣狗肉」的營生不久就被德川幕府取締，而且累及歌舞伎本身。1629 年，幕府頒佈法律，禁止女性登台演戲。於是，年輕貌美的男子便妝扮女人，當起了她們的接班人。這種男扮女裝的歌舞伎被稱為「若眾歌舞伎」。「若眾歌舞伎」的男演員叫「女形」。從此以後，男扮女裝成為日本歌舞伎的傳統並一直流傳至今。

但是，時隔不久，他們有些人的藝名便被寫在「蔭間茶屋」燈籠或牌子上。他們在那裏穿紅掛綠，白天周旋於酒席並歡歌起舞，晚上則侍奉於枕蓆。也就是說，不少「若眾」搖身一變，成了「蔭間」。據歷史記載，江戶時代有名的「女形」大都出身男娼或本來就是一身二任。例如，據《嬉遊笑覽》記載「即便是色子，最終也成為藝人。女形大都出身男娼。當時的尾上松綠、岩井喜代三郎等，皆為舞台子」。他們的模樣和精神氣質都相當女性化，被稱為「女性化的男子」。不過，名為「女形」實為「蔭間」和純粹的「女形」，有一方面存在明顯差別 —— 化妝。舞台上，歌舞伎的「女形」都濃墨重彩，以致「面目全非」，而「蔭間茶屋」的「若眾」則不化妝或略施粉黛。為什麼？因為他們的相貌非常重要，塗一臉油彩，如何分辨美醜？

後來，「若眾歌舞伎」的「女形」開始明確分化，有的表面上是表演歌舞，暗地裏卻出賣色相，既為女人提供服務，也為男人提供服務。與這種「女形」的野合，不僅在上流社會流

行，而且在下層社會也流行。由於「若眾歌舞伎」敗壞社會風氣，幕府遂予以取締。不過，為何取締「若眾歌舞伎」，有幾種說法。據《德川實記》記載，承應元年即 1652 年 6 月，松平隼人正和植村帶刀圍繞「若眾」發生爭執，是導致幕府決意取締「若眾歌舞伎」的原因。而據伊原青青園在《日本演劇史》中的說法，是因為某日江戶町奉行石谷將監宴請客人，見客人無精打采，遂問及緣故。客人答稱，宴會沒有「若眾歌舞伎」助興，了無生趣。這一說法使石谷將監意識到，「若眾歌舞伎」會消弭武士的鬥志，決意取締。還有一種說法是某大名夫人與「若眾歌舞伎」演員偷情，並想殉情。不管什麼原因，結果是一樣的。

但是，僅靠封堵，終非善策。而且「若眾歌舞伎」也苦苦相求，要求給一條活路。何況「道高一尺，魔高一丈」。第二年江戶等地出現了一種叫「狂言盡之名」的表演形式，和「若眾歌舞伎」的表演很相似，顯然是舊瓶裝新酒，換湯不換藥。如何應對？幕府的思路也很有趣：那些好色之徒喜歡「若眾歌舞伎」的「若眾」，不就是因為他們長得美嗎？那好，就讓他們醜一點。慶安元年（1648 年），幕府頒佈法令，對「若眾歌舞伎」的「若眾」的穿著打扮定下規矩：必須衣著「樸素」。同時命令「若眾」必須將額頭的頭髮剃掉，弄成一個被稱為「野郎頭」的髮型。此後，「若眾歌舞伎」便被戲稱為「野郎歌舞伎」。

雖然幕府當局想通過剃掉「若眾歌舞伎」演員額前的頭

髮，使美男變醜男，而且在當時，將額前的「美人尖兒」剃去幾乎等於毀容。但那些傢夥並沒有因為剃了「野郎頭」而一蹶不振。他們想出各種辦法「遮醜」：有的用頭巾裹住腦袋，有的將染過色的布放在被剃掉頭髮的腦門上作為裝飾物，最常見的是用一條汗巾作為「鉢捲」。「鉢捲」原先是農民幹活時，為了防止汗水迷住眼睛而捲在頭上的，後來被武士在格鬥時採用，現在卻被脂粉氣十足的「若眾歌舞伎」演員採用。有的「野郎」弄個三尺左右的頭巾一包，登台表演時，頭巾在腦後飄逸，顯得很是「風流倜儻」。由著名男演員水木辰之助首創的頭巾紮法，更是以「野郎帽子」而聞名。「野郎帽子」最初是戴在前額的黑色頭巾，後來變成了絹製的四角錘形，再後來「野郎」用一種叫「縮緬」的材料製作成頭巾，色彩接近紫色，使他們更添了幾分姿色。1970 年播出的日劇《雪之丞變化》，由美輪明宏飾演的中村雪之丞，就戴了一頂這種紫色的「野郎帽」。

「若眾歌舞伎」變成「野郎歌舞伎」後，最主要的變化是有的男演員乾脆做起了皮肉生意，連「歌舞伎表演」這塊遮羞布都不要了。如果要讓這種「野郎」提供「服務」，要先下定金，然後「野郎」會按照客人要求，到喝茶的茶屋去提供「服務」。江戶時代的著名作家井原西鶴的《男色大鑒》，對此有生動具體的描述。元祿六年（1693 年）出版的《古今四場居百人一首》中，也描繪了當時一百名「野郎」的身姿並附有評語。這些「野郎」不少被包養，包養「野郎」的大都是武士或

僧侶，普通百姓當然是包養不起的。

由於是做皮肉生意的，所以有沒有藝術修養無所謂，有沒有表演才能也無所謂。只要相貌好，即便什麼都不會，也會被認為是「一流演員」。按照當時一本叫《野郎蟲》的書裏的評價，有的野郎跳舞就像野豬游泳。一個叫阪田市之丞的「野郎」，甚至連舞都不會跳，但由於年輕貌美，也被稱為「太夫子」。「太夫」是妓女裏的最高級別，「太夫子」也就是男娼裏的最高級別。

不過，「野郎」終是一種蔑稱，民間通常稱他們「舞台子」或「色子」。壓根兒不上舞台表演，專門出賣色相做皮肉生意的男娼，主要分兩種，一種被稱為「蔭間」，另一種被稱為「飛子」。「蔭間」指不登台，以出賣色相為業的所謂的「演員」，「飛子」是指專門在各地遊走「跑碼頭」的男娼。當時有一本叫《人倫訓蒙圖彙》的書，對這方面情況有相當詳細的描述。江戶時代著名作家井原西鶴的《好色一代男》裏，也有對一個名叫仁王堂的「飛子」的詳細描述。

隨著男娼的增多，相應的場所，如「蔭間茶屋」、「若眾茶屋」、「男兒茶屋」，不斷出現。根據 18 世紀七八十年代出版的《菊之園》記載，當時僅江戶 10 家此類店舖，就有 230 名男娼，店舖外面掛有男娼的名牌。而根據《男色大鑑》等書籍記載，當時江戶的淺草、目黑、大阪的道頓堀、京都的宮川町等男娼聚集地，被稱為青樓、蔭間茶屋、若眾屋，等等，名目繁多。男娼的年齡，一般是 10 歲到 20 歲，被稱為「竹筍」。

所以得此雅號，就是因為竹筍老了就啃不動、嚼不動，味道也不鮮美了。

若眾不僅服務男性，也服務女性。大名府邸和幕府將軍的「大奧」中的女官，是男娼的「重要客戶」。她們平時幾乎與世隔絕，但每年3月可以外出觀劇。有的女官在外出觀賞歌舞伎後，會趁機請「若眾」一起去「蔭間茶屋」喝茶，然後讓他們男扮女裝，將他們帶入宮中。由於裝扮成「女性」，因此一般不會引起特別注意。但是，一旦被發現，後果將很嚴重。據《甲子夜話》記載，加賀藩一個女官趁邀請歌舞伎前往藩邸演出之際，將一個「蔭間」帶入自己的房間並留宿了4個晚上。孰料，在第5個晚上，「蔭間」如廁時遇見了一個女傭。女傭見有人站著撒尿，大吃一驚，狂呼亂喊。結果，那個女官和「蔭間」遭到嚴厲處罰。當時一本叫《春雨日記》的春宮畫本，以此為題材，將這件事描繪得栩栩如生。

17世紀末是「蔭間茶屋」最繁榮時期。但即便如此，江戶的男娼最多時也只不過230人左右，在數量上遠遠比不上「遊女」。從19世紀20年代的文政年間開始，男娼趨於衰落。到19世紀30年代的天保年間，像「芳町」那樣最「娼盛」的「蔭間」所在地，也僅剩下兩家店、10個人；「湯島」和「神明」，也分別減少到22人和11人。天保四年，即1833年出版的《疑問錄》，有一句話反映了「蔭間」的衰落：「如今不及寶曆時十分之一」。天保十三年，即1842年，幕府頒佈禁止男子賣淫的法令，「色子」、「蔭間」等男娼在市井上基本

消失。但是，「蔭間茶屋」仍以所謂「芝居（戲劇）茶屋」的
形式，繼續扮演著賣淫中介的角色。所謂的「芝居」乃至酒類
菜餚，都是「添加物」。也就是說，所謂的「芝居茶屋」就是
秘密會所，直到明治維新才退出歷史舞台。但在二戰後，作為
「野郎」的男娼又以「牛郎」的形式復活了。

（四）

「男公關」和「牛郎」

　　任何時代，變與不變總是如影隨形。從日本男娼開始流行的江戶時代到今天以互聯網為媒介的資訊時代，男娼以不同的形式忽隱忽現，但出賣色相的本質始終未變，並且緊隨時代的節拍。在日本難以計數的各類網站中，有一種以英文“Host Club”為名網站，即「男公關俱樂部」，但人們習慣稱這種俱樂部為「牛郎店」。有一個「牛郎店」網站，覆蓋地域南至沖繩，北至北海道，搭載店舖 870 家，從業者 16238 人，既有店舖特色、男主介紹、男主博客，還有活動促銷。

　　在日本都市，夜晚總有別樣的含義，是男人們從緊張繁忙的工作中獲得解脫並縱酒忘憂的時光，也是「故事匯」產地。無論是平民階級聚集的「居酒屋」，還是上流社會光顧的夜總會和日式料亭，每天都在上演著不同的故事。日本商界和政界的重大決策和人事安排，很多就是在那裏制定的。具有別樣風情的「牛郎店」，也不斷講述著各種故事。

　　1965 年，一家叫「夜晚東京」（「Night 東京」）的「牛郎店」，在「東方第一歡樂街」新宿歌舞伎町一番街開張。所謂「飽暖思淫欲」，牛郎店在 20 世紀 60 年代的產生並迅速

發展，主要就是因為日本經濟當時處於高速發展階段，1964年東京奧運會的舉行，更使繁榮的日本經濟錦上添花。1968年，日本國民經濟總值（GNP）超越德國，成為世界第二大經濟體。家庭主婦手裏的錢多了，她們中有些人對流行的交誼舞產生了興趣。但是，丈夫忙著賺錢，哪有時間陪太太跳舞？一個叫愛田武的人敏銳地發現，一些日本女性「想跳交誼舞，但老公沒時間陪，所以想找個陪跳舞的男人」，這是個很好的商機，於是成立了一個專門取悅女性或為女性緩解壓力的牛郎俱樂部，取名「愛俱樂部」。在這以後，「牛郎」俱樂部逐漸成為「時髦」。「愛俱樂部」現在的入場費是 5000 日元（約合 300 元人民幣），但在那裏玩一個晚上，開銷最高可能達到幾百萬日元。

之後，經過不長的時間，「牛郎店」在日本如雨後春筍般出現，並取得了「公民權」，成為一種亞文化。光顧「牛郎店」的大都是有錢人。日本有一個著名的占卜師叫細木數子，自我披露說她曾在 3 年時間裏成為各種「牛郎店」的客人。按照她的說法：「一般有身份的客人在牛郎俱樂部逗留時間一次不能超過 30 分鐘，待 30 分鐘以上的是鄉下人。去了以後，挑選自己喜歡的牛郎坐台，點一瓶最貴的紅酒，小酌一點，30 分鐘以後離開的就是最講究的客人。偶爾帶五六個人去，1 個月 2 次，花個 700 萬到 800 萬日元狂歡 3 小時，然後離開」。

當然，去「牛郎店」的大都不是像細木數子那樣的客人。「牛郎」的工作，更經常的是陪失意的女性聊天，傾聽她們的

敘訴，撫慰她們的寂寞。當然，也會滿足她們對異性的渴求。「牛郎」都經過嚴格訓練，無論點煙、倒酒、遞毛巾，都有技術含量。交談的內容也不會無的放矢。不過，按照規定，牛郎「賣笑不賣身」。一般客人不可以把牛郎帶走。當然，私底下的約定另當別論。他們的收入主要來源於客人所點酒水的提成。牛郎在街上拉客是合法的，而他們的女性同行在店門口拋頭露面都不被允許，遑論拉客。他們月收入至少 200 萬（約合人民幣 12 萬）。至於「紅牛郎」，月入千萬日元並不鮮見，那還不包括女土豪一擲千金的饋贈。由於「牛郎」收入很高，所以負債纍纍的男藝人下海陪酒當牛郎的新聞，時有見報。

毋庸贅言，作為市場經濟高度發達的國家，「牛郎店」在日本的興旺，首先因為有社會需求。日本女性現在不願結婚的越來越多，她們中有些就喜歡找牛郎，那樣既不用做家務照顧丈夫，也不用履行妻子必須履行的義務。一些結了婚的女人也會光顧「牛郎店」。特別是董事長或總經理等的闊太太，會將丈夫的錢用於自己享樂。她們「雅」一點會去學插花、茶道、書法、繪畫，「俗」一點會包養情人或泡「牛郎店」。日本社會調查數據顯示，對於尋歡作樂，日本人無論家庭還是社會的寬容度，都和中國明顯不同。有的牛郎店的女顧客表示，「花點錢讓一個男人娛樂自己，讓自己開心，這有什麼錯？這難道不是兩性平等的體現？」因此，「牛郎店」主要服務對象就是寂寞的都市女性。

日本的「牛郎店」雖然談不上「多如牛毛」，但也數量可

觀，僅東京新宿歌舞伎町就有 200 多家「牛郎店」，「牛郎」數以千計，他們的照片都張貼在外。因此，「牛郎」之間的競爭非常激烈。於是，他們的生日就成了「圈粉」和「圈錢」的良機，經常可以被視作有錢婦人揮金如土的時光。例如，2006 年 9 月，當時日本的頭牌「牛郎」陽生過生日，媒體甚至用「9 月 14 日在新宿歌舞伎廳將有一場腥風血雨」的誇張言辭進行報道。

不過「牛魔王」推陳出新的頻率很快，前幾年最紅的「牛郎」一條一希陪聊時價為一小時 200 萬日元，現在自己開了牛郎店。當今的「牛魔王」是羅蘭（Roland）。26 歲的羅蘭年收入已達 3 億日元（合人民幣 1800 萬）。2018 年 8 月 7 日，日本電視節目《今夜比一比》（今夜くらべてみました），在羅蘭的家裏對他進行了專訪。工作在五光十色中的羅蘭，家裏的設計相當簡約，而且以黑白為主色調。酒櫃裏擺著幾支玻璃杯，臥室裏只有空蕩蕩一張床，沒有枕頭和棉被。衣櫃也只放了一套西裝和 2 件 T 恤。按他的説法，「選衣服很浪費時間」，所以他一年都穿同一套西裝。更讓人稱奇的是，羅蘭家中的一角，有個木箱。每晚睡覺前，他都會關閉手機並將它放入木箱。按照他的説法，「不想看著 10 公分大的畫面死去。」

「牛郎」在日本，已經有數十年歷史，但是近年通過電視和網絡的宣傳，這個一直處於半地下狀態的職業儼然成為媒體的新寵。一些牛郎也成為時尚寵兒，頻頻登上時尚雜誌的封面，一些影視作品也推波助瀾，使「牛郎」產業順風滿帆。

2006 年上映的電影《牛郎俱樂部》，敘述 7 個年輕人走上「牛郎」道路的故事。他們原先從事著不同的職業，有的是青年實業家，有的是籃球運動員，有的是銀行職員，有的是廚師，有的是企業職員，有的是街頭表演者。7 位青年在各自的職業生涯中遭遇挫折後，都成了「牛郎」。但是，他們貿然闖入的這個陌生的世界，令他們品嚐到了什麼叫上當受騙。他們的店長在收取了他們的保證金後，人間蒸發了。無奈，他們只能自己開了家「牛郎店」，取名 "DOGDAYS"，開始適應新的人生。

　　同樣是在 2006 年播出的 24 集電視劇《夜王》，則從另一個視角敘述了「牛郎」的故事。在這部電視劇中，松岡昌宏飾演的男主角的場遼介，原木是家鄉的「暴走族」成員，後來到東京發展。可是，繁華的東京似乎沒有適合他的工作。幾次面試碰壁後，他進了一家叫「羅密歐」的「牛郎店」工作。那是一家在新宿歌舞伎町首屈一指的「牛郎店」。最初，他的工作很不順利。後來，一個叫加納麗美的設計師每次到「羅密歐」都點的場遼介，並鼓勵他，使他最終成為歌舞伎町最紅的「夜王」。《夜王》每一集都以場遼介和女客人為中心展開，其間穿插「牛郎」之間的明爭暗鬥，以及場遼介和恩人加納麗美催人淚下的訣別。整個電視劇所表達的中心思想非常明確：牛郎是治癒女性心靈創傷的職業，可以幹得很燃很專業很有尊嚴，並不可恥。

　　2008 年播出的電視劇《王牌男公關》，被視為「勵志電視

劇」。曾經有「六本木之王」之譽的七瀨公平，在遇上心愛的女人桃子後，組建家庭，回歸了普通男人的生活。但是，突然被裁員使他不得不重操舊業。然而，此時的他已年近不惑，能否重新博得「人氣」？為了生存和維繫家庭，他以對客人的坦誠，努力成為真正體現牛郎價值的「治癒型牛郎」。通過與「美男牛郎」翔兒的競爭和同暴力團勢力的抗爭，七瀨公平逐漸展現了曾經「絢爛奪目」的自己，只是以另一種方式。

2009 年播出的電視劇《帝王》，則敘述了一個青年為了友情，義無反顧當「牛郎」的故事。劇中的男一號阪木了，在高中時是一名足球少年，曾夢想能參加 J 聯賽。但命運安排他當了工廠的工人，足球只能成為業餘愛好。單調乏味的工廠作業使他感到厭倦。於是，他遞交了辭職報告。就在這時，他足球隊好友的女友被一個「牛郎」奪走了。為了給好友復仇，原先連什麼是 Host Club 都不知道的阪木了，毅然闖進了這個陌生的世界，並獲得了「咲輝凌」的花名。在這個花花世界，他遭到客人的嘲諷，前輩的戲弄。但是，他在信念和友情的支撐下，最終成為牛郎中的「帝王」。

2018 年春上映、根據石田衣良的同名小說改編的電影《娼年》，將對「牛郎」的敘述乃至謳歌，推向前所未有的高峰。《娼年》由松阪桃李飾演男一號森中領。這部電影被稱為「松阪桃李從影以來尺度最大的作品」。從表現形式上看，確實可以這麼認為。因為，片中有很多日語稱為「濡場」的床戲。尺度之大，為這部影片貼上日本成人愛情動作片中的大部

分標籤亦不為過。但是,影片本身並不是為了刺激觀眾的感官,而是為了揭示「牛郎」如何使女性獲得本能的滿足,無論她是尋求刺激的寂寞少婦,還是在老去的路上尋求溫存的老婦,性只是敘事的手段。

《娼年》這部電影有 80% 的場景是森中領和各色女性的交往,一句富有哲理、揭示編導創作意圖的台詞,貫穿整部電影:「女性的臉有許多種,只不過沒有一個人會展現出自己的欲望。」

今天,日本的相關法律法規對「牛郎店」既沒有明令禁止,也沒有大開綠燈,導致這個行業一直處在「灰色地帶」。按法律法規規定,「牛郎」只能陪女客人喝酒、聊天、尋開心,不能有更進一步的性關係。但牛郎及其服務對象是否真那麼守規矩,得打上大大的一個問號。另一方面,雖然日本作為世界聞名的「性大國」對女性進行性服務習以為常,但對男性從事性服務仍存在歧視。有的日本學者認為,「牛郎」存在破壞家庭的弊端,應該徹底取締。但是,牛郎店在日本依然紅火。牛郎店的興旺發達,反映當今日本社會,女性越來越獨立,經濟上越來越自立,但是她們的精神卻越來越空虛孤立。